近代と現代の間

三谷太一郎対談集

東京大学出版会

DIALOGUES CONCERNING THE HISTORY
FROM THE MODERN TO THE CONTEMPORARY
Taichiro MITANI
University of Tokyo Press, 2018
ISBN978-4-13-003349-7

はしがき

人生において、対話はその重要な部分である。読書や書評は出版物を媒体とした著者と読者との「対話」であるが、より直接的な対話には二つの種類がある。一つは、自己自身との対話、丸山眞男が書き遺したような「自己内対話」（丸山『自己内対話』みすず書房、一九九八年、二五二頁）であり、もう一つは、他者との対話である。プラトンのさまざまの対話篇などは、古代ギリシャにおける政治社会をつくり上げてきた哲学的基礎に関する多くの対話が土台となっていると思われるが、それは同時に、他者との対話の形をとった「自己内対話」とも見ることができる。「自己内対話」もまた、他者との対話の形をとらなければ、自己自身を客観化し、自己自身と正面から向き合うことはできないからであろう。

要するに、対話は本質的に他者との対話であり、「自己内対話」であっても、自己の立場を他者の立場に置き、自己の判断を他者の判断に引き当てることによってのみ可能なのである。偶然的に付着している判断の一時的感覚的な制限をできるだけ除去し、その客観性を拡大しうるものは、結局、他者の判断の導入以外にはない。人生には、他者の判断を引照しうる他者との対話の機会が必要なのである。

しかも「他者」とは必ずしも特定の個々の「他者」とは限られない。特定の個々の「他者」とのさまざまな対話が蓄積され、それが抽象化された形として、自己の内面に定着する場合がある。それはいわば、究極の「他者」というべきであろう。カントは『判断力批判』において、これを「共通感覚」(sensus communis) と呼んだ。

カントによれば、それは、「他のすべての人の表象の仕方を考えのなかで(ア・プリオリに)顧慮する能力」である。カントは、この「共通感覚」が指示する判断の客観性について、「我々が自分の判断を他者の判断——と言っても、実際の判断というよりはむしろ可能的判断に引き当て、自分自身を他者の立場に置いてみることによってのみ可能である」と説明している。

カントは、普通の人間悟性(常識)を「共通感覚」に導く三つの「格律」(Maxime,「実践的原則」)を設定している。第一は、「自分自身で考えること」であり、第二は、「自分自身を他者の立場に置いて考えること」であり、第三は、「常に自分自身と一致して〔自己矛盾のないように〕考えること」である。カントによれば、第一の格律は、決して受動的にならない理性の格律であり、理性の他律への性向、すなわち「成見」をもたない考え方を要請する。「成見」が極端化して「迷信」となり、「固陋《ころう》」や「偏狭」をもたらす場合に、これに対抗するのが「啓蒙」である。カントは、この第一の「格律」を「悟性の格律」と名づけた。

第二は、拡張された考え方を要請する格律であり、他者の立場に身を置くことによって、自分の主観的、個人的条件を超出し、普遍的立場に立つことを可能にする。カントは、第二の「格律」を「判断力の格律」と名づけた。

以上の二つの「格律」によってそれぞれ律せられる二つの考え方を結びつけるのが、第三の格律である。カントは、このような「首尾一貫する考え方の格律に達することは最も困難である」と指摘し、これを「理性の格律」と呼んでいる（カント著・篠田英雄訳『判断力批判』上、岩波文庫、一九六四年、二三二―四頁）。

よく知られているように、カントが『判断力批判』において分析の対象としたのは、「美的判断力」である。ゲーテが芸術家として、カントの三批判書の中で、最も重視したのが『判断力批判』であったのは当然である。カントは「美的判断力」を根拠づける概念として、「共通感覚」を提起した。ところがカントの本来の意図を超えて、『判断力批判』の政治哲学的意味を重視したのは、晩年のハンナ・アレントであった。アレントはカントの「美的判断力」の分析を道徳的さらに政治的判断力の分析に転用した。アレントは、「道徳哲学」についての一連の講義の中で、カントのいう「共通感覚」を取り上げ、それは「すべての人間に共通した感覚」ではなく、「わたしたちが他人とともに共同体のうちで生活できるようにする感覚であり、共同体の一員として……他者と意志の伝達が行えるようにするもの」と説明している。アレントは「共通感覚」に伴う「想像力」（表象能力）を重視し、「共通感覚は、その想像の能力によって、みずからのうちに、実際には不在であるすべてのものを存在させることができます。こうして誰もが、ほかのすべての人の立場になって考えることができるとカントは主張します」（ハンナ・アレント著・中山元訳「道徳哲学のいくつかの問題」『責任と判断』ちくま学芸文庫、二〇一六年、二二七頁）と敷衍《ふえん》している。

アレントがナチス親衛隊幹部でアウシュヴィッツ強制収容所長としてユダヤ人被収容者の集団虐殺に主導的役割を果たしたアドルフ・アイヒマンに対する裁判を報道した際、法廷のアイヒマンを特徴づけたのは、カントが「共通感覚」の形成のための第一の「実践的原則」（「悟性の格律」）として要請した「自分自身で考えること」の徹底した欠如であった。その点では、かつてのナチス体制下のアイヒマンと共通していた。アレントは、このことを「悪の凡庸」という有名なことばで要約し、少なからぬ反響を呼んだ。

もちろん「共通感覚」は特定の個人の表象能力を媒介として現れる以上、その客観性や普遍性には限界がある。『判断力批判』の本来の対象である「美的判断」について見ても、その主観性は免れない。しかし「美しい」という判断を下す人は、全く主観的判断にのみ依拠しているのではなく、「共通感覚」に基づいて、他のすべての人の可能な判断を考慮に入れているのであり、その判断は、その限りでの普遍性（いいかえれば「間主観性」）をもっているというべきであろう。

カントが求める「自分自身で考えること」の結果としての判断力は、個人にとって、人生を生き抜く力として極めて重要である。それは政治的判断力の形をとった場合には、個人にとってのみならず、人類社会にとって、それを方向づける死活の要素である。そして判断力を生み出す源泉である「共通感覚」を豊かにするものは、人類の無数の対話の経験であり、蓄積である。

本書は、三谷太一郎を一方の当事者とする、その師友との対話の記録を集めたものである。全体として、「近代と現代の間」の歴史に関わる対話集となっている。そのような本書の性質に省みて、あえてカントやアレントの所論を借り、僭越にも、「対話」の哲学的意義として三谷が考えるところを「はしがき」とした。

本書の提案・企画は、これまで長年三谷の著書の出版のためにご尽力くださった東京大学出版会編集部の奥田修一さんによるものである。今回もこれまでと少しも変わらず、綿密な引用資料の検証をはじめ、万端怠りない編集実務によって三谷を安んじてくださった。

最後になったが、本書への対話記録の収録を許可してくださった各対話者およびそのご遺族のご厚意に対し、心からの謝意を表する。先述した「対話」の概念に照らして、本書所収の、それぞれの対話記録の意義と価値を読者が認めてくださることを信じている。

二〇一八年六月六日

三谷　太一郎

目次

I　日本の近代を考える

1　明治一五〇年
——どんな時代だったのか——

対談者　御厨　貴

一　3・11まで続いた戦後七〇年の「富国」路線

三谷　明治国家の近代化路線が決定的な形を取ったのは、おそらく幕末の徳川慶喜政権の時代だった。「文明開化」「富国強兵」という明治になって盛んに唱えられるようになったスローガンは徳川慶喜の近代化路線に伴って出てきた。もちろん明治維新で権力の交代はあったが、権力の路線は徳川慶喜政権の下で打ち出されたといえる。この「文明開化」「富国強兵」路線が非常に大きな挫折を被ったのがアジア太平洋戦争の敗戦だった。これによって日本は国家目標として「強兵」路線を放棄し、敗戦後の日本は「強兵」なき富国路線で再近代化を進めてきた。そして戦後の富国路線が果たしてよかったのかという重大な疑問が生じたのが、二〇一一年の3・11だった。

御厨　明治一五〇年を考えてみて、半世紀前の明治一〇〇年のことを想起した。それは佐藤栄作内閣の下で大学紛争が吹き荒れた時代で、政府の側はことさらに明治維新一〇〇年を言い逆に反体制側は、我々が見なければならないのは自由民権一〇〇年だと主張した。もう一つ、同じ時期に国土政策では新全国総合開発計画（新全総）が策定された。明治一〇〇年でインフラをすべて取り換えるという発想だった。その当時と比べると、いま人々の感覚を覆っているのはむしろ明治一五〇年より、戦後七〇年のほうだ。明治を含む戦前というのは、どうもこの国の歴史認識の中から失われている。

■　■

三谷　明治一五〇年は、慶応三（一八六七）年生まれの夏目漱石生誕一五〇年と一致する。今年（二〇一六年）は漱石没後一〇〇年にも当たる。彼は明治天皇が亡くなった一九一二年に「明治天皇奉悼之《ほうとうの》辞《じ》」という短い文章を東京帝国大学法科大学が発行していた学会誌である『法学協会雑誌』に書いた。これは、個人的な交際のあった同雑誌の編集主任の山田三良教授（国際私法）の依頼によって法学協会のために無署名で書いたものだ。そこに、日露戦争の時に東京帝国大学へ行幸した際の明治天皇の言葉を引いている。「軍国多事の際と雖《いえど》も教育の事は忽《ゆるがせ》にすべからず」という当時の文部大臣に与えた勅諚《ちょくじょう》の言葉だ。戦争下にあっても大学は「平常通り」でいかなくてはならないと明治天皇は強調したわけだ。それを引用して漱石は「天皇の徳を懐《おも》ひ、天皇の恩を憶《おも》ひ」と書いている。つまり漱石は、明治天皇を軍国日本のリーダーとしてではなく、学問・教育に携わる平時日本のリーダーとして見ていた。

御厨　明治天皇は日清・日露戦争の際、基本的には「避戦」主義者だった。天皇は陸軍大元帥として白馬に乗った軍国の象徴としてビジュアルには捉えられているが、明治天皇自身は思い悩んだ。「戦争をやって本当に勝てるのか。勝てなければ先祖に対して申し訳が立たない」と。周囲の側近にとってはある意味で文弱な明治天皇を、どうやって軍国化していくのかが、それぞれの戦争の時の課題だった。

三谷　明治天皇の主体性が最も発揮されたのは、日清戦争前の時期だ。日清戦争を通じて植民地帝国になる前の日本にとって、不平等条約の不利な条件の下で、どうやって国民国家としての経済、資本主義を確立するかが、天皇が意識していた重要な課題だった。日本の経済の建設にとって、対外平和がいかに重要かを明治天皇は自覚していた。

二　政治過程における明治天皇／国民国家形成の任務

御厨　「明治十四年の政変」（一八八一年）まで明治天皇はほとんど自分から発言しなかった。さまざまな議論の現場にいて、ずっと聞いていたのが、この時から突然、天皇の判断や意見を話し始める。八九年に大日本帝国憲法を作り、九〇年に帝国議会を開設する立憲国家へのプロセスで、実は明治天皇は積極的に政治過程に参加している。天皇も一体となって帝国憲法体制を支えていく幸運な時代というのは一九世紀で終わった。

三谷　戦後の象徴天皇と、大日本帝国の天皇は全く性格が違う。明治天皇は基本的に神聖不可侵だから、行動しないことが大前提だった。行動すれば神聖不可侵を保つことはできない。国民主権を大前提とする象徴天皇制下の天皇とは根本的に違う。

御厨　戦前の天皇は、一つはご真影によって、もう一つは陸軍の大元帥として国民に映るようにイメージが操作されていた。戦後はそこが画期的に変わった。昭和天皇は一身にして二生で大転換を遂げ、そこから戦後の象徴天皇の歩みが出てくる。近代の歴史で天皇はそれぞれの状況にどうやって合わせて生きていくかということを考え、行動してきたと思う。

三谷　帝国議会の発足の際、福沢諭吉は「国会の前途」という論説を書き、議会の開設は重大なことだと強調した。第一回議会の冒頭で総理大臣が今日でいう施政方針演説をしたが、それは画期的なことだと福沢は見ていた。政府が国民の代表者に対して説明するというのはかつてなかったことだと。それが国会で今日まで続いているわけだ。

御厨　自由民権運動と政府はずっと対立状況にあったが、それが大きく変わるのは帝国議会という制度ができてからだ。政党も運動体である時期には不定形だが、議会に入ると組織として対応していかなくてはならない。この段階から政党は組織化の道を歩んでいって、その政党をきちんと押さえていける人間がリーダーになっていく。立憲政友会ができるあたりが画期になっていて、政権をやがては担っていける政党ができた。

三谷　明治期の最大の課題は、国民国家を形成することで、それは古い時代の日本を再興する、復興するということとは違う。明治というのは、古い日本的なものを再建するのではなくて、国民的なものを創り出すという創造的な任務があった。ある意味で敗戦後の日本と同じ課題を、明治期は担っていた。

御厨　明治日本をもう一度、特に若い世代に掘り起こしてほしい。いま、歴史に対する感受性、昔の時代精神の喚起力が著しく失われている。

三谷　第二次大戦後、立ち返るべき時代として意識されたのは、日清戦争前の明治日本だった。植民地帝国前の日本、「小国日本」に立ち返るというのが、敗戦後の日本の目標だった。今でも「小国日本」は日本の将来像、一つの原型として考えることが重要だ。

（構成・大井浩一）

2　日本の近代をどう捉えるか

対談者　松尾　尊兊

はじめに――なぜ近現代史を問題にするか

――「教科書」問題などを契機に、あらためて日本の近（現）代をどう捉えるかが、私たちに問われています。それは、一方ではアジアで初めて近代化、資本主義化を成しとげ、ヨーロッパに伍した〝輝かしい〟歴史でしたが、一方で植民地獲得と戦争、侵略に明けくれた時代でもありました。

ある人は、明治から一九二〇年代までは健康だったのに、一九三〇年代にいたってナショナリズムに狂ってしまったといい、ある人は幕末、近代のはじめから日本はすでに侵略的な国だったといいます。

現代の日本、未来の方向を考えるためにも、近（現）代史をいま、捉え直す必要があると思います。（『世界』編集部）

三谷　日本の近現代をどのようにとらえるか。私は、冷戦後一〇年という視点から、日本の近現代全体を見直してみる必要を感じています。つまり、冷戦の終焉が日本近現代史の大きな転換点であって、冷戦の下では必ずしも顕在化していなかった問題が、様々な形で冷戦後に顕在化してきたと考えているからです。しかも、冷戦後顕在化してきた問題は、日本の近現代全体を貫く非常に重要な問題なのです。

たとえば植民地化の問題です。敗戦後、日本人が必ずしも十分に考えてこなかった脱植民地帝国化（ディコロナイゼーション）の問題が、いま問われている。そして脱植民地帝国化の問題を通して、改めて日本近代の植民地化の問題が問われているのです。植民地化の問題は過去の問題ではなくて、現在そして未来の問題として、私たちの前にあるのです。現在の日本人の多くは植民地化には直接の責任のない後世代であるけれども、しかし、その問題に取り組んでいかなければならない。それはドイツにおけるナチスの問題と同じです。ドイツにおいても、ナチスの時代に直接に責任をもたない後世代が多数を占めている。にもかかわらず、いまの世代が、ナチスの残した問題に取り組んでいかなければならないのです。つまり、先行世代の責任を後世代がいかに担わなければならないかということが、現在の大きな課題になってきている。だからこそ、歴史教育が重要な意味をもってくるのです。

日本人として生きるということは、日本の歴史を部分としてではなく全体として担うということです。植民地化の問題は、日本人として生きるために、つまり歴史を全体として担うために、どうしても避けて通れない問題なのです。

もう一つは、冷戦後、日本では経済の停滞、不況の長期化が深刻な問題になっていますが、そこで問題になったのは、不況の根本的原因が日本の近現代を貫く資本主義の特殊性にあるのではないかという問題です。一九三〇年代、不況からの脱出という使命を担った高橋是清の財政の方法が、冷戦の下での高度経済成長を導いたのだと私は思います。具体的に言うと、いわゆる積極財政です。特に、不況対策としてしばしば問題になった日銀引受による国債発行や農村部への公共事業の普及というのは、高橋財政が開発した方法です。それから、為替管理による為替レートの低位安定を前提とした輸出志向型経済運営。こういう財政の方法が、敗戦後も受け継がれ、冷戦の下での高度経済成長を刺激しました。そして、冷戦後さらに大規模に適用されている。高橋財政は、元来、政党政治と結び付いて展開されてきたわけですが、実はこの方法は、さらに遡って明治初年に大久保利通ら、いわば薩摩系の経済官僚が開発した殖産興業方式――国家主導の資本主義化方式――を原型とすると思います。

したがって、経済の面でも、いま問われているのは、明治国家以来の日本独自の資本主義、いわば一国資本主義であって、これは一九三〇年代の世界経済のブロック化時代には適合し得たのですが、いまはその有効性がなくなっているのではないか。私たちは、日本型の一国資本主義をあまりに絶対化してきたのではないか。

さらに、最近問題となっている、いわゆる無党派層の増大と関わる、日本における複数政党制の代表能力の問題があります。もちろん現在の無党派層の増大は、自民党の一党優位を支えてきた政官業複合体の崩壊の過程で必然的に起こってきたものです。しかし同時に、近現代を通じての日本の政党制（パーティ・システム）の代表能力の問題が、どうも問われているのではないか、と思われてならないのです。

もちろん、私は一方で近代日本が複数政党制をつくり出したことはアジアにおいては例外であり、その歴史的な意義は認められなければならないと思います。それは、明治憲法が実施されて半年ほどしか経っていない時点で起きた大津事件（一八九一年）において、「司法権の独立」がとにかく空文ではないことを示したこと、つまり明治憲法下での立憲主義が機能したことの歴史的な意義を認めなければならないのと同様です。明治憲法はたしかに反政党内閣的な性格を持った憲法でした。それにもかかわらず、その明治憲法の下で政党内閣が現実となったということは、やはり無視することはできない。つまり、複数政党制は、長い期間ではなかったけれども、とにかく確立され、機能した。その限りでは私は明治憲法は、立憲主義及び民主主義とも両立し得るものであったというふうに考えます。

しかし、日本の近現代を通して今日まで問題となっているのは、複数政党制の質の問題です。複数政党制の代表能力というのは、単にいかなる範囲の利益を政党が代表しえたかという問題だけではない。それらが、一体どれだけの正義を代表してきたかという問題です。政治は権力を追求する権力ゲームの側面をもちますが、それだけを目的とするものではない。政治は、権力を追求することを通して究極的には正義を実現しなければならないのです。その意味で、政治においては「マイト・イズ・ライト（力は正義なり）」でなければならないのではないかと思うのです。そういう正義を代表するという面で、日本の複数政党制は、はなはだ欠けるところがあった。正義を代表するということは、ルソーが『社会契約論』の中で使った言葉を使えば、いわゆる「一般意志」（ヴォロンテ・ジェネラール）を形成するということです。それが、複数政党制下における政党の最も重要な任務なのです。政党は特殊利益を代表するのだけが任務ではなくて、「公共の利益」を代表するという面がなくてはいけない。にもかかわらず、日本の政党には、その公共観念に欠けるところが非常に大きかった。

それは現在においても同じで、あらゆる利益は政党によって代表されているけれども、唯一「公共の利益」だけは代表されていない。あらゆる特殊利益には必ずスポンサーがつくのに、「公共の利益」にはスポンサーがつかない。「公共の利益」を実現するイニシアティブをとるのが、いわゆる「政治主導」ということの意味だと思うのですが、「政治主導」が欠けているということは「公共の利益」というものを十分にいまの複数政党制が代弁し得ていないということの現れではないかと思います。

もう一つ、日本の近現代を貫く非常に大きな特徴は、冷戦を含めて、戦争が日本の近現代の転換点をなしてきたことです。その意味で、近現代を通して日本のデモクラシーは、太平洋戦争後のデモクラシーだけではなくて、すべてが「戦後デモクラシー」と言えるのではないか。日本のデモクラシーが「戦後デモクラシー」であるということは、デモクラシーが戦争を媒介とするわけですからそれ故にデモクラシー自体に歪みが生じてきたといえるのではないでしょうか。日本のデモクラシーは、マジョリティ・ルールの面をもっぱら強調するので、マイノリティ・ライトの面については、比較的にこれを軽視する傾向があります。

その端的なあらわれが、治安維持法（一九二五年）です。治安維持法は、日本の政党政治の出発点といってよい、護憲三派内閣の下で立法化されたものなのです。あれは典型的な多数意思によって生み出されたものなんですね。男子普通選挙法とか陪審法といった、いわゆる民主主義的な法律を生み出したのと同じ多数者によって生み出された。当時の担当大臣は内務大臣の若槻礼次郎だったわけですが、与党憲政会の幹部であった若槻礼次郎の議会における当時の答弁を見ると、議会制を社会主義者とか無政府主義者から防衛するという意図が非常に強かった。要するに、少数派に対して、多数者支配というものをいかに守るかが眼目だった。こうしたものが、日本の民主主義独特の歪みです。

一　植民地とは何だったか

松尾　日本の近代には、つねに戦争がつきまとっていることは、たしかです。その戦争は日清戦争、日露戦争、第一次大戦における青島《チンタオ》攻略、そして満州事変、日中戦争と、常にアジアの近隣諸国に対する侵略という形で展開されてきた。近代において一つの国が成長していく場合、戦争はつきものだという考えもあろうかと思いますが、その戦争のあり方に、日本的な特殊性がある。

冷戦は終了したといっても、東アジアの国際情勢はどこまで変わったといえるのか。相も変わらず日米安保条約は存在しているし、日本と北朝鮮との関係は改善されていない。絶えず台湾をめぐってトラブルが続いている。東アジアにおける日本と朝鮮、中国の三地域関係を考えてみたとき、朝鮮半島の南北関係の改善はみられるとしても、冷戦時代と基本的に何が変わったのだろうか。また日本人がもっている朝鮮人、あるいは中国人に対する差別感情は、どこまで変わってきているのだろうか。もしかすると、明治初年以来延々と今日まで、同じような感情が日本の中で続いてきているのではあるまいか、とさえ私は思うのです。

よく、江戸時代においては朝鮮から通信使がやって来て、日本と朝鮮との関係は大変平和的、友好的であったと言われていますけれども、本当にそうだったのか。朝鮮通信使自体、江戸まで来るのは一七六四年で終わってしまうし、江戸時代の日本と朝鮮との関係は平和的、平等なものであったのかどうか、私は疑わしいと思っている。だからこそ、その優越感情が幕末、明治維新になって、すぐ朝鮮支配という方向に剝き出しに出てくるのではないか。そういう方向性は、ずっと一貫して変わらなかったのではないかと思うのです。

もちろん、そういう方向に対する批判もあります。それは自由民権の時代にもあったし、近年の研究では、日清戦争については、明治政府の中でも、伊藤博文とか井上馨などのグループは開戦に消極的で戦争は不可避ではなかったという高橋秀直氏の説も出ています。またその当時保守派と見られた谷干城《たてき》というような人たち、つまり陸軍内部で山県有朋に抵抗して陸軍主流から外された藩閥批判派軍人も、今日で言う専守防衛論で、日清戦争に対しては基本的には反対だった。しかし大勢としては常に朝鮮を支配下に置きたいという願望が、政府にもあったし、また国民の間にもあったということは動かし難いことだと思います。

そういうかたちで支配下に置いた朝鮮をどう維持するかということも一つの原因となって、やがては満州事変にまで発展していくわけで、朝鮮の植民地支配は、日本近代にとって非常に大きな問題であると思います。

三国提携論と日清戦争

三谷　幕末、「ウェスタン・インパクト」にどう対応するかということから、幕藩体制再編成の問題が、幕府の内部だけでなくて、幕府の外部からも提起されてきます。その時に幕府の内部にいた勝海舟などは、日本と朝鮮と当時の清国を結ぶ三国提携論を唱えた。それは、海軍を媒介とする一種の軍事同盟的な構想でした。それが、彼が幕府の海軍の建設を目指す大きな動機になっていたのです。しかし、それとは違った路線が慶喜の代になると出てくる。フランスとの提携路線です。幕末には、対外政策をめぐってこの二つの基本路線の対立があって、どちらも幕藩体制の再編成と結び付いているわけですけれども、その路線対立は、維新後も非常に大きな影響を及ぼしたと思います。

勝の朝鮮・清国との三国提携論は、日清戦争（一八九四〜九五年）の頃までずっと持続していて、それが勝の日清戦争反対論につながっていた。また明治天皇自身、日清戦争には非常に消極的だったと言われていますね。開戦したあと、勅使を伊勢神宮にたてる時に誰を勅使にしたらいいかということを宮内大臣の土方久元が訊《き》いたところ、感情を害して「この戦争は自分が始めた戦争ではない。そもそも臣下が始めた戦争であって、自分はそんなことは知らん」と言ったので土方宮内大臣は顔面蒼白になったという。これは、後の張作霖爆殺事件（一九二八年）で、昭和天皇が田中義一首相と対立した時、「過去、明治天皇にもこういうことがあった」と金子堅太郎が小川平吉鉄道大臣に語ったエピソードで、小川平吉の「満州問題秘録」というメモワールにあります。

私は、日清戦争を境にして、日本は非常に変わっていったと思う。日清戦争の前と後では、財政金融政策の面でも非常に大きな変化がある。日本は日清戦争の頃までは、極力外債を抑えるという政策をとるわけです。明治の初年に鉄道の敷設その他の懸案を実現するために外債の募集をやりますけれども、それ以降、約二六年間は全然外債を募集していない。それが外債の累積の問題を抱えている現在の発展途上国と日本との大きな違いです。なぜそういうことができたのかということ自体が、日本近代を考える上で非常に大きな問題になると思います。つまり外債を抑えるということは、経済面でのナショナリズムの現れなんですね。そのことにも現れているように、日清戦争前の日本は、欧米諸国との不平等条約の下にあり、それに対するナショナリズムの主張が強かったといえると思います。

従って日本は、日清戦争の頃までは、いろいろな対外的摩擦はあったかもしれないけれども、少なくとも同じ不平等条約の下にあった近隣諸国との間においては、対等の国際関係を築いていこうとする志向がまだ強かったと思うんです。清国に対してはもちろん、朝鮮に対しても。結局日清戦争が、植民地化の最初の段階になるわけですが、それ以後の日本は非常に大きく変わってくる。ナショナリズムの時代は日清戦争ではっきり終わったのです。ナショナリズムが帝国主義に変化することによって、日本の近隣諸国との関係も大きく変わってくるのです。

松尾　明治の初めには、清国との間はもちろん、朝鮮との間にも対等な関係をつくっていこうという志向が日本には強かったというご意見ですが、私は疑問があります。征韓論から始まって、日本は江華島事件を起こし、日朝修交条規という不平等条約を押しつけ、壬午《じんご》軍乱とか甲申事変等々の一連の出来事を考えると、勝海舟的な考えがあったということも一方で事実でしょうが、大勢としては朝鮮を日本の勢力範囲に置こうという路線は動かし難いものがあったのではなかろうか。この路線は、山県有朋が第一議会で言った有名な「主権線」と「利益線」の考え方に顕著にあらわれていると思います。

一方、自由民権運動のほうにも、朝鮮を支配下に置こうという、いわゆる国権論もけっこう強かった。自由民権運動が盛んな時は日本・朝鮮・中国の三国の連携という説が強いけれども、自由民権が衰えてくるとともに国権論が優勢になってくる、という定式化された意見がこれまであったわけですが、果たしてそうだろうか。民権派のほうにも、かなり早い時期から、朝鮮を支配下にという願望があったのではないでしょうか。

三谷　もちろんそういう事実はあるのですが、日本が当時朝鮮に対して強調したのは、朝鮮は清国の属邦から独立せよ、ということでした。つまり、宗主国と属邦との関係を放棄せよという主張だった。そういう主張は、朝鮮を、山県有朋の言う日本の「利益線」の域内にとどめたいという願望によってであったことはもちろんですが、そのことと独立国家としての朝鮮の地位を確立させるということとは別の問題なのです。日清戦争の前は、独立国家としての朝鮮というものをとにかく確立することが、日本の国家利益にとって重要だったのです。日清戦争前と日清戦争後では、朝鮮観にも相当大きな変化があったと思います。

しかし、もっとも変わるのは清国に対する見方です。日清修好条規（一八七一年）は、日本が結んだ対外条約の中では唯一の完全対等な条約だったわけですけれども、その清国に対する考え方が、日清戦争後、完全に変わっていく。だから日清戦争は、日本の対外関係、特に近隣諸国との対外関係の大きな転機だったのです。

「利益線」と「主権線」

松尾　私も同感です。ただ、よくわからないのが、日清戦争までの日本の朝鮮政策の中身なんです。山県の「利益線」というのは、具体的には何を意味するのか。つまり、清国の属国的な地位から独立させるということなのか。日本の植民地にしてしまおうということなのか。そうではなくて朝鮮の中立化という程度でいいというのか。親日派の政権を打ち立てるということで満足するのか。そのへんのいろいろな考え方が、「清国からの独立」という中には入っていると思うんです。

三谷　そうですね。山県が「利益線」と言う場合、「主権線」とは区別しているわけですね。「主権線」の安全と非常に密接に関連する領域が「利益線」の領域だ、と。だから、当然のことながら「主権線」の領域には朝鮮は入っていないわけです。つまり植民地化の対象とは考えられていない。「利益線」という観念がヨーロッパの国際政治に公式に登場してくるのは、山県が第一議会の演説で、それを援用したのとほぼ同じ時期で、「勢力範囲」とか「利益範囲」という概念が一八八四〜八五年のベルリン会議で認知されます。一八九〇年の山県演説（伊東巳代治起草といわれる）は、当時のヨーロッパの国際政治に台頭した新しい帝国主義の概念を使っていたことは事実です。「主権線」と「利益線」の区別は山県といえども行っていた。ところが、日清戦争後になると、「主権線」と「利益線」の区別自体が曖昧になってくる。

松尾　日清戦争が転換点だということはおっしゃる通りですが、その後日露戦争で完全に朝鮮を植民地にするという方向が定まるでしょう。そのとき、伊藤博文はなかなか併合に賛成しなかったという話がありますね。伊藤は、韓国（大韓帝国）を保護国のままにとどめておいて、そのかんに韓国の近代化を進展させて、ともかく韓国のナショナリズムをある程度満足させるという形で、より安定的に日本との関係を維持していこうと考えていたのかもしれない。しかし、結局伊藤はそれを諦めてしまって併合という路線に行ってしまうのですけれども……。

三谷　国会図書館の憲政資料室にある倉富勇三郎の日記を読んだことがあります。倉富勇三郎は伊藤が韓国統監の時の韓国政府法部次官ですから司法分野での韓国内政の事実上の最高責任者だったわけですが、韓国で三・一独立運動（一九一九年）が起きた時、日本の当局者に非常な衝撃を与え、果たして韓国を併合したのは正しかったのかどうかという反省が出てきたらしい。倉富勇三郎は当時枢密顧問官で、ある司法省の高官に「ああいう事件が起こってみると、韓国を併合したというのは間違っていたのではないか。かつて伊藤公も、実は韓国併合に反対されたんだ」と言ったということを書いている。倉富は韓国統監時代の伊藤の側近で伊藤の考え方をよく知っていたはずなので、それが全く事実ではないとは言えないと思う。私は、伊藤といえども、韓国を日本の勢力圏に置く、「非公式帝国」の枠内に入れるということについてはもちろん異論はなかったでしょうが、「主権線」の中に包摂するということについては躊躇逡巡があったと思います。

松尾　なるほど。では、「主権線」の中に入れずに「利益線」の限度内でうまく朝鮮を取り込めただろうかという疑問が生ずるわけです。あの時の伊藤の、保護国にしておいて近代化するという構想が失敗したのは、肝心の朝鮮の民衆のほうがそれについていかない、非協力的であったことも一つの原因でした。ですから、保護国ではあっても、中途半端な形であれば朝鮮を安定的に支配などできないわけです。

併合後、寺内正毅が総督になって、武断的な統治をやるわけですが、最終的に原敬内閣の時期になって、それが手直しされる。寺内と原敬をつなぐものとして、いわゆる同化政策、原敬の言葉で言えば「内地延長主義」という方針が存在するのですけれども、ああいう統治方針は一般的な世界列強の植民地支配の中でどのように位置づけられるものなのでしょうか。

三谷　内地延長という考え方は、非常に日本的な考え方だと思います。

欧米の場合は、コルプス・クリスティアヌム（キリスト教共同体）の外側を植民地化しているわけですが、日本の場合は、かつて自国も儒教文明圏に属し、中国とか朝鮮は同じ儒教文明圏にあったのみならず、明らかにその先進国なんですね。勝海舟は『氷川清話』の中で「日本は朝鮮からかつてはいろいろ学んだ」と言っている。そういういわば、かつての先進国を植民地化するわけです。近隣諸国といっても、単に地理的に近接しているというだけはなくて、同じ文明圏の中にかつて属していた国を植民地化したのが、日本的な植民地化の特色だと思います。

では、かつての儒教文明圏の先進国の植民地化をどういう理由で正当化したか。まずは儒教批判でした。丸山眞男先生も、福沢の日清戦争肯定論は、ある面では彼の儒教批判の延長だということを書いておられますね。私はそれが、福沢だけではなくて、当時の日本の先進的な知識人の中にあった、かなり共通する部分じゃないかと思います。

当時の知識人の場合、結局日清戦争をどう図式化するかといったら、「文明」対「野蛮」です。「文明」というのは、文明一般ではなくて、要するに西洋文明です。西洋文明を代表する日本と、旧き儒教文明を代表する清国との闘い。単なるパワーとパワーの衝突というものではなくて、それこそハンティントンではないけれども、「文明の衝突」なんです。それが日清戦争の特徴でもあるし、日本の植民地化の特徴でもあると思います。

内村鑑三も、日露戦争（一九〇四〜〇五年）の段階では戦争に反対するわけですが、日清戦争の段階では世界に向かって日本の立場を弁護する言論を発するわけです。その場合の内村鑑三の図式も、やはり文明対野蛮なんです。彼が書いているのは、日本は東洋のギリシャだというわけです。かつてギリシャはペルシャと戦った。日清戦争はあれと同じなんだ、と言う。

そういう文明と野蛮という図式を日清間に適用するということは、日清戦争まではなかったと思います。

松尾　福沢諭吉の場合は、かなり早くそれが出てきていますね。明治十四年政変の直前に刊行された『時事小言』では、日本がヨーロッパ列強に制圧されないためには近隣の朝鮮・清国の近代化を日本が力ずくでも強制しなければならない、というようなことを言い始める。福沢の場合、日本のほうが文明で朝鮮・清国は野蛮という考え方は、もう少し早くから出ているのではないでしょうか。

三谷　福沢の場合には、「脱亜論」に行くまでのプロセスがあって、たとえば『文明論之概略』や『学問ノス、メ』を書いた明治初年には、もっと違った見方をしていたのです。その時期は清国や韓国と提携する日清韓提携論なんですね。それが明治一〇年代に入って大きく変化していく。福沢の場合には、その清国観は儒教批判に規定されている面が大きいと思います。

三・一独立運動と関東大震災の朝鮮人虐殺

松尾　三・一独立運動で、大きな衝撃を受けた日本の当局者は朝鮮統治を所謂文化統治に変えますが、この原敬の朝鮮統治改革をどう評価したらいいのだろうか。私は、同化政策という点では、本質的にはあまり変わっていないと思うのです。

たとえば『東亜日報』という朝鮮語新聞の発刊が認められたところにも、一定の改革はたしかに行われたし、それがまたさらに朝鮮のナショナリズムを育てていく契機にもなったわけですが、しかしどうして原敬ほどの人が「内地延長主義」に固執したのかがわからないのです。彼は、「沖縄の同化において日本は成功した。内地延長主義で沖縄を日本に同化し得た。沖縄でやれたことがどうして植民地でやれないのか」ということを一九二一年の議会で言っておりますが、もっと柔軟な植民地支配のあり方が、あの当時考えられなかったのだろうか。

ご承知のように三・一運動の与えた衝撃で、ひところ、朝鮮に議会をつくれとか、自治を認めろという話も出ました。でも、斎藤実新総督が着任して「文化政治」をやると宣言すると、すぐにそうした自治論は影を潜めてしまう。その段階で吉野作造などは、最低限朝鮮の同化政策をやめろ、差別はやめろ、言論の自由を認めろ、と言う。あからさまには言っていないけれども、明らかに「自治」を認めるべきだという議論ですが、そういう声は日本においてとても少数であった。

これも言い古されたテーゼですが、「内に民本主義、外に帝国主義」という枠は、大正デモクラシー期においても変わっていなかったのですね。

近年の研究では、総督府内部でも朝鮮自治論があって、斎藤総督への意見書の中にもそういうのがあって、それを重視する人々は「結局中身において吉野や矢内原忠雄とそんなに差はない」と言うのですが、私に言わせれば、単に総督限りで差し上げた意見書と、吉野や矢内原のように公然と世論に訴えるというものとは、意味が全然違うと思います。朝鮮自治論はともかくも朝鮮民族のナショナリズムを認め、日本人の意識改革を促しているので、これを帝国主義支配の延命策にすぎない、などと片付けるわけにはいかない。

それにしても、吉野的な朝鮮自治論が、なぜ一般に大いに受け入れられなかったのか、それこそが問題だと思うんです。

三谷　原の植民地制度改革は、もちろん植民地そのものを否定するということではないのです。彼の政策で、国内外を通して一貫しているのは非軍事化ということだと思うんです。

松尾　なるほど。

三谷　だから植民地統治の場合、いかに軍部の主導権をシビリアンの主導権に切り換えるかが課題だった。先ほどおっしゃった、沖縄の方式の延長として朝鮮の統治を考えたというのは、たしかにそうだと思います。サハリンもそうですね。サハリンでは陸軍の管轄から内務省の管轄に変えた。これもやはり植民地統治におけるシビリアン・コントロールの考え方なんですね。もちろん、植民地そのものは否定しない。しかしシビリアン・コントロールを国内、国外を通じて貫くという、それが原敬の基本的な立場だと思います。そういう意味で、松尾さんのいわれる「内に民本主義、外に帝国主義」には変わりはない。

朝鮮統治のあり方についてはいろいろ内部で議論もあって、ちょっと時代が飛びますけれども、宇垣一成の日記の中にも出てくるんです。満州事変が起きて満州国建国を一九三二（昭和七）年三月一日にやったわけですが、宇垣はこの三月一日について、「選びに選んで三月一日とはなにごとか。この日をどういう日だと思っているのか、いまの日本の政府や軍部は。満州国に朝鮮のナショナリズムというものが飛び火したらどうなるんだ」ということを書いている。いかに三・一独立運動の衝撃が強かったかということですね。

彼の日記の中で、ちょっと面白いと思ったのは、これは事実かどうかわからないですけれども、少なくとも三・一独立運動後は総督府は祝日に日の丸の掲揚を強制しなかったと書いている。また一九二二年一月に行われた朝鮮教育令および台湾教育令改正では、教育勅語による教育をうたった文言が削除された。当時の政府当局者はこれが朝鮮統治にとってマイナスになるとその理由を説明している。ほんとうに、三・一独立運動の衝撃というのは大きかったのですね。

日本の植民地統治は、植民地統治の当局者にとっても、絶えず不安感を引き起こしていたのです。植民地は日本帝国の最も不安定な部分だったんですよ。朝鮮も満州も何事が起こるかわからない。

松尾　そういう不安感が、関東大震災の時の朝鮮人虐殺という形で出てくるんでしょうね。

三谷　ええ。

松尾　あの時は、まず真っ先に軍が出てきて朝鮮人虐殺のお手本を示すというところから始まって、警察、さらには自警団という形で虐殺が広がっていった。軍がまず出てくるということに、いまおっしゃった何か事あれば朝鮮人の不満が爆発するかもしれないという怖れを感じていたということでしょうね。

三谷　そう思いますね。一九三二（昭和七）年に第一次上海事変が起きた時、駐華公使だった重光葵が、「上海でも治安を維持するために日本居留民が現地の人たちをつかまえて誰何《すいか》するということをやったけれども、あれは関東大震災の時に朝鮮人に対して街頭で自警団の民衆が尋問したのと同じだ」ということを、本国の外務省に向けて書き送っている。だから、関東大震災のときの朝鮮人虐殺事件も為政者の頭に強く焼きついていているんです。

松尾　関東大震災のときの虐殺事件で、なお依然として問題だと思うのは、いま、「社会主義者や多数の朝鮮人や中国人が殺された」という表現が教科書や一般の出版物にしばしば使われている。もちろん事実として中国人も殺されていますが、二〜三〇〇人くらいでしょう。朝鮮人は何千人で、正確な数もわからない。中国人虐殺を重視することはたしかに間違いではないけれども、事柄の比重からいくと、朝鮮人虐殺とほかの虐殺とは意味合いが違うんじゃないか。

あの時の日本のジャーナリズムの反応は、大変鈍い。政府の言論統制ということももちろんあるでしょうけれどもそれだけじゃない。大杉栄夫妻らの虐殺など、あの当時ジャーナリズムもけっこう問題にしているんです。それに比べれば、朝鮮人虐殺は、新聞にも雑誌にもほとんど出てこない。結局吉野が『中央公論』に書き、そのあと、朝鮮人がどこでどのくらい殺されたかという調査を当時の在日朝鮮人がやって、それを吉野の名前で発表しようとしたこともありますが、それはできなかった。せいぜいそんな程度で、その後も日本のジャーナリズムでは、継続して取り上げるということはなかったのです。

あれだけ多くの朝鮮人を殺しておいて、政府から補償はおろか謝罪の言葉さえない。こういうことこそが、日本の朝鮮支配からの離脱といいましょうか、三谷さんの言葉で言う「脱植民地帝国化」がうまくできなかった原因ということになるのではないでしょうか。

植民地化は必然だったか?

三谷　私は、冷戦後いろいろ問題になってきた「従軍慰安婦」とか、その他の旧植民地の人々の被害補償の問題などを、基本的に脱植民地帝国化の問題としてとらえるべきだと考えているのです。国会でも懸案になっている在日外国人の地方参政権の問題も、やはり脱植民地帝国化の問題だと思います。日本の社会科学において、研究が非常に遅れていたのはその面だった。ディコロナイゼーション(脱植民地帝国化)の問題は、ヨーロッパのかつての植民地帝国では、社会科学の非常に大きな課題です。ところが日本の場合は、ディコロナイゼーションは、冷戦後まで全く注目されてこなかったんですね。注目されてこなかったこと自身が問題だと思います。国民の意識にとっても問題ですが、日本の社会科学にとってはさらに大きな問題です。

松尾　かつての日本の朝鮮支配が、世界列強の植民地支配の中でどういうところに位置づけられるのかということも含めてね。

三谷　やはり植民地化の問題は、過去の問題ではなくて、現在の問題なんです。日本の社会科学者は、植民地化の問題を最近まで過去の問題だと思ってきたわけですよ、冷戦が終わるまで。しかし、冷戦が終わったあと、様々な問題が顕在化してきた。なぜ顕在化してきたかというと、それまでアメリカの冷戦戦略の中で、植民地支配の問題が封印されていたからです。アメリカにとって、東アジアや東南アジア、南アジアの、かつての日本の「大東亜共栄圏」をいかに共産中国やソ連から守るかが優先課題だったからです。アメリカの冷戦戦略においては、日本を中心とするアジアの国際秩序を考えざるを得なかった。ところが、冷戦が終焉すると同時に、封印されてきた問題が顕在化してきた。それと同時に、ディコロナイゼーションの問題は、やはり日本にとっては未解決の問題なんだという意識が出てきたと思うんです。それで、改めて植民地化の問題が問い直されるようになってきた。

この問題は、さっきも言ったように過去の問題ではないことはもちろん、現在の問題であると同時に未来の問題だと私は思います。過去の問題が歴史の問題ではないのです。現在の問題であり、かつ将来の問題であって初めて歴史の問題なので、そういう意味での植民地化の問題はまさに歴史の問題だというのが私の認識なんです。

――朝鮮の植民地化というのは日本の近代化にとって、果たして必然だったのでしょうか。もう一つは、朝鮮を植民地にしたことによって日本帝国は不安な部分を抱えることになり、それが次の戦争を準備し、あるいは満州事変、太平洋戦争という形で、戦争を止めどなく拡大していくことになっていったのでしょうか。（編集部）

三谷　「利益線」というものが拡大していったことは事実なんです。明治の山県が「主権線」「利益線」と言っていた時期の「利益線」よりも、朝鮮を日本が併合することによってさらに「利益線」が拡大していったのです。それが帝国主義の論理なんですね。

松尾　果たして朝鮮支配が日本の近代化にとって必然であったかどうか、私としては、現実がそういうふうに動いていった、としか言えません。ほかに何か選択肢があったのか、具体的なイメージが湧いてこない。勝海舟のような考え方がどこまで現実化し得るものだったのか。

自由主義で有名な『東洋経済新報』にしても、日露戦争には反対せず、早期韓国併合論をとなえています。満州放棄論に変わるのは元号が大正に変わったあとの一九一三年で、朝鮮をふくめての一切の植民地を棄てよと主張するのは一九二一年、ワシントン会議直前のことです。つまり、日本がアジアで唯一つの帝国主義国になるまでは朝鮮支配に積極的で、植民地にしてしまってから、植民地は日本の近代化にとって有害無益だというようになるのです。

三谷　植民地統治というのは、植民地化されたほうに対してはもちろん絶大な負担、犠牲を強いますが、同時に植民地化したほうの負担と犠牲もそれなりに大きいんですね。植民地化が日本にとって、政治的、軍事的にはもちろん、経済的にもプラスであったとは、とても思えません。敗戦後の日本は、ともかく植民地なしでやってきたという事実があるわけですね。敗戦前、「朝鮮や満州の植民地や勢力圏がなくて、どうやって日本は生きていくんだ」ということがよく言われたでしょう。ところが、そういうものがなくても、とにかく敗戦後の日本は実際に生きてきたわけなので、それが誤っていたことははっきりしたと思う。だから植民地化というのは、日本にとって必要でなかったということはたしかだと思います。

――日本における植民地化の過程の中には、幕末以来のロシアの存在が大きいのではないでしょうか。一八世紀からロシアは頻繁に日本に訪れてきていますし、朝鮮半島については中国との関係がどうも日本では強調されますが、朝鮮半島はロシアが南下してくる時のルートにもなる。幕末から明治にかけて、ロシア帝国がどういう世界政策、アジア政策をとっているか、日本は非常に強い関心を示しています。非常に地政学的な言い方になりますが、中国はまだしも、朝鮮半島が最も弱い地域である。福沢も含めて、朝鮮半島にある自主的な、あるいは自立的な政権を何とかたてたいということの中には、ロシアに対する意識があったのではないか。(編集部)

三谷 それはそのとおりで、ロシアの進出は、幕末に直接的な形では、対馬への脅威として出てくるのです。山県などのロシアに対する危機感というのは、直接にはロシアによる対馬占領(一八六一年)で彼が体験した危機感が原点になっていると思います。対馬の植民地化の危機があったと彼は認識していたわけで、それに対する一種の対抗的植民地化という発想もたしかにあったと思います。実際に日清戦争が終わったあと、朝鮮の問題は、直接ロシアと対抗するかたちになってくる。日清戦争の次に日露戦争が行われるわけですね。

松尾　ただ、ロシアの脅威は観念的には江戸時代からあったということなんだけれども、現実の国際情勢においてどうだったのだろうか。日清戦争までは、ロシアの南下政策はそれほど具体的なものではなかった、それほどアジアの現実に影響を与えるようなものではなかったという説もある。

三谷　ただ大津事件が起きた一八九一（明治二四）年にはシベリア鉄道の敷設が着工されています。ウラジオストックまでシベリア鉄道が近い将来には延びることになって、それは日本だけではなくて、イギリスなんかも東アジアにおける海軍力に影響を及ぼすということで、非常な脅威をおぼえるのです。日本の場合はもっと直接的な脅威感だったと思います。

――もう一つ、朝鮮が日本に植民地化される前に、大韓帝国になって、日韓合併という形をとりますね。あくまで言葉の上だけですけれども、両帝国の〝自主的合併〟のように見せたのは、単に朝鮮を日本の「主権線」に呑み込んでしまうという形を日本の当局者がとれなかった、ということなのでしょうか。（編集部）

三谷　大韓帝国になったのは一八九七（明治三〇）年ですが、あれは日本がというよりも、朝鮮自体が日本に対する国家としての対等を主張した面が強いのです。朝鮮の側では、もちろん自主的な合併などということは意識していませんし、いわば朝鮮の側の危機感が強かったのだと思います。

松尾　これは私が調べたわけではなくて伊藤之雄氏の受け売りですけれども、伊藤博文の場合は、形式的にしろ、合併をできるだけ対等のものにしたかった。その証拠として、合併後の朝鮮の王族の処遇に伊藤は非常に気をつかって、日本の皇室と同格に扱うというのが伊藤の方針であった。ところが、伊藤が暗殺されてしまうと、山県の発言権が強まって、現実には格下に位置づけられることになったというのです。

三谷　しかし、いずれにしても完全な独立国を併合するというのは、異常な植民地化なんですよ。

松尾　丸呑みしたわけですからね。

三谷　明らかに植民地化としても異常ですね。だから、後世への影響というのは非常に大きいものがある。なかなかその影響は消えないと思います。

二　明治憲法とオポジション

「明治維新」はいつまでか

三谷　次に明治憲法について話したいと思います。ご異論はあるかもしれないけれど、私は明治憲法にはそれなりの歴史的な意義があったと認めているんです。

松尾　同感です。岩波ジュニア新書で、田中彰氏が『明治維新』という本を出されていますね。田中氏は開国から明治憲法の成立までを明治維新、つまり日本の近代国家の成立史だとしています。日清戦争ぐらいまで延ばしたいということも書いていますが、ともかくこれまでの明治維新とは違ったとらえ方をしている。これまでは明治維新を、開国から王政復古を経て、廃藩置県によって統一国家ができるまでとするか、少しのばして、西南戦争などの不平士族の反乱を鎮めるまでととらえるか、でした。自由民権運動がひろがって、それに対する政府側の対抗措置として明治憲法ができるまでは別の時期として扱っていました。田中氏は一連の近代国家成立史として明治維新を位置づけている。

明治維新をこれまでよりも長い期間として扱ったほうが、ものごとが見えてくる感じがする。明治天皇自身、明治維新を大日本帝国憲法の発布までと考えていた節がある。『明治天皇紀』を読むと憲法発布の当日、二月一一日に勅使を派遣して、伊勢神宮をはじめ、神武天皇陵、孝明天皇陵、靖国神社、全国の官国幣社に報告させている。さらに、明治維新の功臣、薩長土肥の殿様や、岩倉、木戸、大久保のお墓にも報告している。さすがに西郷隆盛のお墓へは行きませんけれども、その時に名誉回復を行い、正三位ですか、改めて位を授けている。その時に、先ほど出ました宮内大臣の土方久元が「こんな忙しい日に、なにもそうまでされなくてもいいじゃないか」と言うけれども、天皇は頑として譲らないで「きちんと勅使を出せ」と言うのです。明治憲法発布の日に維新の功臣に報告するというのは、明治維新が本来目指したものはこれで一応終わったという目的達成意識があったからではないでしょうか。河野広中ら自由民権運動の犠牲者にも恩赦を与えている。

ついでに言えば、その時、伊藤博文に当時の最高の勲章を授ける。勲一等旭日桐花大綬章です。天皇側近の三条実美や元田永孚《ながざね》は、薩摩との均衡を保つためには黒田清隆にもぜひ授けるべきだと進言したが、明治天皇は「伊藤だけに授ける。そうでないと勲章の値打ちがない。黒田らは後回しだ」と頑として譲らない。つまり、伊藤が明治憲法の起草者であるということを重く見て、伊藤に特に最高の勲章を与えたのです。

日本において憲法をつくり、議会を創設するという考え方は、いわゆる明治政府の樹立の時から政府側の構想としてはあったわけで、特に岩倉使節団（一八七一～七三年）が二年近くもヨーロッパ、アメリカを巡遊して近代国家の有りさまを見てくることによって、日本が近代国家になるためには憲法、国会が必要という認識がはっきりしてくる。明治八（一八七五）年「漸次立憲政体樹立の詔書」が出て、そこでは期限は定められていなかったのが、明治十四年政変で、一〇年後に国会を開設するという約束をはっきりさせる。

自由民権運動においても、近代国家の建設には憲法と議会が必要という認識においては共通のものがあった。その時期とか中身は別として、基本的な考え方においては、民権側も藩閥政府側も、同じ認識があったのではなかろうか。こう見ると、自由民権運動と藩閥政府の争いは、結局同じ土俵の中で争われたものと考えられる。もちろん民権派の要求がすべて明治憲法に採用されるわけではないのだけれども、ともかく民権運動の圧力によって明治憲法が明治二二（一八八九）年に発布される。

いったん国会が開かれると、対立しているように見えて結局民権派のほうも明治憲法の枠内に入っていますから、同じ土俵で争うことになります。

民権派のほうにもいろいろな考え方があったけれど、共和制憲法というのは見当たらない。つまり共和制という考え方が表に出なかったわけです。明治一三～一四年頃、全国あちこちで民間の憲法草案が起草されますが、その中にも君民共治はあっても共和制は見当たらない。政府から弾圧されるということよりも、発想が乏しかったのではないか。

また普通選挙という考え方がないことにおいては、民権派と政府側で共通だった。ただし、明治十四年政変のあとになると、中江兆民とか星亭という人が普通選挙を問題にするようになりますが、国会が開設されてみると、そういう声は一向に、日露戦争の直前まで議会の中に現れない。

明治憲法には、天皇の統帥権を含めた大権事項が広く定められていて、それに対する議会の権限が弱いとか、あるいは国民の人権保障というものが十分に定められていないという問題がありますが、ともかく憲法第五五条、天皇が国務を行うについては国務大臣の輔弼《ほひつ》が必要であるという有名な一項があって、それで天皇の独裁を制限しているわけです。そういうことを手がかりとして、のちに政党政治というところまで発展していくわけで、明治政府が当初否定していた政党政治が同じ憲法の下で認められるようになってくる。明治憲法自体、遅れた要素をたくさん持ちながら、議会政治への道を開いたということは否定することができないと思います。

体制内のオポジション

三谷　明治維新を一つのステート・ビルディング（国家建設）のプロセスとして見て、そのプロセスの到着点が明治憲法だったという考え方が最近の研究者の中で出てきているということですね。松尾さんは、憲法制定について、いわゆる自由民権派と明治政府との間で一種のコンセンサスが成り立っていたといわれましたけれども、私は維新後だけではなくて、そもそも幕末から幕府と反幕府側との間にも、幕藩体制をいかに再編成していくかという問題をめぐってある種のコンセンサスがあったと思うんです。幕府は対外政策の決定における「衆議」の重要性というのを強調します。それがやがて「公議輿論」という概念に発展していくわけですね。「衆議」、「公議輿論」が重要だという点では、幕府、反幕府の間でコンセンサスがあって、その「公議輿論」をいかに制度化するかという問題意識が議会制に向かったのだと思うんです。西周《にしあまね》など、幕府側にあって議会制度論を出しています。

私が非常に重要だと思うのは、先ほど言われた明治十四年の政変です。大隈（重信）が下野するという形で、明治政府の統一性が破れるんですが、そのことによって朝野の分化が生じた。そのことの意味は非常に大きい。つまり、言ってみればそこで「オポジション（反対勢力、野党）」というものができたのです。

オポジションといっても反体制ということではなくて、体制内のオポジションというものが明治一四（一八八一）年にできた。明治三一（一八九八）年に隈板《わいはん》内閣ができますが、それまでの藩閥内閣が初めて非藩閥内閣に変わるのです。しかも政党内閣という形でできる。その意味は非常に大きい。

私は明治維新を一つの社会革命、政治革命であったと見るので、したがって明治政府というのは革命政権だと思うんです。革命政権というのは、あらゆる革命の場合にそうですけれども、オポジションに対して非寛容な場合が多い。これはロシアの場合も中国の場合もそうです。一党制というのが、革命政権のたどるプロセスの到達点だと思うんですけれども、日本の場合は、明治政府は革命政権であったにもかかわらず、オポジションを許容した。隈板内閣、政党内閣の成立は、それまで続いた革命政権との間の一種の平和的政権交代だったと思うんです。

明治三一年には、福沢諭吉が『時事新報』に、「政党内閣と言っても政策上は藩閥政府とそう変わりない。違うのは政策ではなくて、政策を意味づける政治的価値観が非常に違うのだ」と書いています。つまり藩閥政府の価値観は「官」であり、政策的にはあまり変わりなくても政党内閣の価値観は「民」だ、というのです。官民の価値観というものが決定的に違う。そういう「民」の価値観を代表する政府ができたということの政治史的な意味は、非常に大きいと思います。

さらに時代が下って、大正七（一九一八）年の原敬内閣の成立についても同じようなことがいえる。隈板内閣の時の大隈も板垣（退助）も伯爵なんですよ。華族は衆議院議員選挙法によって選挙権も被選挙権も持たないので、大隈も板垣も政党のリーダーだけれども衆議院議員ではない。衆議院議員として首相になったのは原敬が初めてで、原内閣の画期性はそこにあるわけです。政策はそれ以前の内閣とあまり違わないと言われることもあるけれども、衆議院議員がはじめて首相になったというのは、非常に大きな変化なんですね。

松尾　（大隈内閣は）すぐ仲間割れが起きてわずか四ヵ月しかもたなかったのですが、あの時点で藩閥以外のもの、特に政党が内閣を組織するということの画期的な意味は大きいですね。

三谷　それは大きい。それまでは薩長のいわばローテーションで政権が運営されていたわけで、きれいに長—薩—長—薩とローテーションが行われていたわけです。あそこで初めて薩長以外の首相が出たというのは、些細なようだけれども、歴史の変化の重要性というのはそういうところにあるのじゃないか。

松尾　三谷さんが、日本では、戦争のあとに民主主義的傾向が現れるといわれましたが、日清戦争後に生まれた普選運動や社会主義運動だけではなく、大隈内閣の成立そのものもまさしくそういうものでしょうね。

三谷　明治維新というのは革命戦争です。幕末から明治一〇年に至るまで、士族叛乱も含めて革命戦争なんです。その革命戦争のあとに、明治一〇年代になって自由民権運動が出てきて、それから明治政府自体も憲法制定の過程に入る。そこで生じた政府の内外を通しての民主主義的な傾向は、あれもやはり戦後民主主義だと思うのです。

私は陪審制の問題に関心をもっていますが、陪審論というのが出てくるのが明治一〇年代なんですね。西南戦争の渦中で、福沢諭吉が、「この戦争が終わったあとに西郷隆盛の裁判を行わなければならないが、その裁判は公平でなくてはいけない。公平な裁判を行うためには陪審裁判でやらなければいけない」ということを明治政府に建白している。当時は陪審制というものの知識はある範囲では普及していたけれども、福沢諭吉の偉いのは、そういうものを現実の問題に適用すべきだということを主張したことです。単なる物知りと思想家の違いというのはそういうところにあるな、ということを痛感させられましたね。

陪審論は、民間の私擬憲法の中にもたいてい出てきます。最近、坪内逍遙の『当世書生気質《かたぎ》』を別の目的で読んでいたら、明治一五年当時の学生のことを書いているんだけれども、その中の学生の一人はアルバイトで陪審裁判についての英語の論文の翻訳を引き受ける、という話が出てくる。明治一五年当時の東京に、そういうことがあり得たということは、私には非常な驚きでした。それだけ陪審論というのが真面目に議論されていた。だから、あの時代の民主主義というのは、おろそかにできないですよ。相当根本的にいろいろな問題を考えています。

それだけに民権派が明治憲法を、抵抗なく受け入れたのか、歓迎したのかというと疑問がある。中江兆民の例もありますが、とくに当時の若い世代には幻滅感もあったのではないでしょうか。

これは岡義武先生に聞いたエピソードなんだけれども、小野塚喜平次先生という昭和のはじめに東大の総長をやった、東大の初代の政治学の教授がいました。小野塚先生は憲法が制定された時に、第一高等中学校の生徒だったんですね。岡先生によると、昭和一五（一九四〇）年、皇紀二六〇〇年の年に東大に昭和天皇の行幸があって、その時に東大の法学部関係の展示として、憲法制定関係の錦絵とか、いろいろな関係の資料を展示して、それを天皇に見せたのです。その時の説明役が岡義武先生だった。岡先生はその時に穂積重遠学部長に命ぜられて嫌々ながらやったと言っておられたけれども、天皇機関説が禁止されていたから、学部長の指示に従って上杉慎吉の『憲法読本』（一九二八年）の一節を読み上げて説明にかえたらしいんです。その一節の中で、明治憲法が制定された時の国民の反応として「億兆歓呼の声は天地を震撼す……挙国の民狂喜して、手舞ひ足踏むを知らず」とか何とか言っている。岡先生はそれを読み上げて説明に代えた。あとで小野塚喜平次先生にそのことを報告したら、非常に不機嫌な顔をして、「それは嘘だ。自分は当時一高の生徒だったけれども、あの憲法には非常に幻滅して、谷中の馬場辰猪《たつい》のお墓にお参りに行ったものだ」と言ったというのです。（笑）ちなみに小野塚先生は上杉慎吉より八歳年長です。

小野塚先生が民権運動の渦中にいたかどうかはともかくとして、その影響を受けた世代なんですね。そういう世代から見ると、明治憲法の内容は「期待したのとちょっと違うじゃないか」と感じられたということです。小野塚先生の弟子の南原繁先生が晩年私に、「君、なんであういう憲法を、当時、福沢諭吉なんていう人が黙って受け入れたのかね」と言われて、説明に窮したことがあるんです。自由民権運動の影響を受けていたヤンガー・ジェネレーションの感覚は、政府の側の感覚とはやはり相当違っていたのではないか。

そして、それがオポジションの感覚なんです。オポジションの位置にあった人間の感覚は、そういうものなのです。

松尾　それは憲法それ自体に対するオポジションではないわけですね。しかしどうして議会が始まったあと、それが政治的にあらわれてこなかったのでしょうか。

中江兆民にしても明治政府の参謀長格の井上毅《こわし》とつきあいがあり、憲法発布の二年前『三酔人経綸問答』を書いたときも原稿を井上のところに持参して意見を求めている。この本の中で兆民は「自慢の文章」と自注して、欽定憲法による「恩賜《おんし》的の民権」でも国民の努力で、イギリスやフランスのように革命によって獲得された「恢復《かいふく》的の民権」の域にまで拡充することができると南海先生にいわせている。兆民には井上毅も参画している明治憲法のナカミの見当はついていたのではないか。だから実際に兆民が憲法の全文を読んだときの反応を、書生の幸徳秋水が「先生通読一遍唯だ苦笑する耳《のみ》」と書くことになる。苦笑は「まあこんなところか」の表現ではなかろうか。もちろん兆民は満足しているわけではなく、憲法の「点閲」（議会による審査）を主張し、第一議会では憲法解釈をめぐって政府と対立するが、結局、自由党は妥協してしまい、怒った兆民は議員を辞めてしまいます。『三酔人経綸問答』では「恩賜的の民権を……直に変じて恢復的の民権」とするようなことは、せっかちすぎるといっているのだから、議員辞職はせっかちすぎたのではないかと思います。しかしこれ以後議会が憲法解釈をめぐって政府と争うことはしばらくなくなるのではないでしょうか。

三谷　私は日本のオポジションというものは、そんなに政府と一体化しているような存在ではなかったと思うのです。私は、明治一〇年代にオポジションができたということ、それが日本の複数政党制の成立の前提となったわけであって、非常に大きなことだと思います。

反戦論なき日中戦争、太平洋戦争

――明治憲法は、政党政治を受け入れてくれるだけの幅もあったと同時に、将来侵略戦争へ向かわせていく一つの力にもなっていきます。やがてオポジションさえ許さないような体制をつくることにもなっていったのはなぜでしょうか。（編集部）

三谷　日本の近現代の戦争を見てみると、日中戦争、太平洋戦争というのは、かなり異常であると思います。要するにあの戦争の中で、反戦思想はあったかもしれないけれども、公然たる反戦論は許されなかった。ところが、それ以前の戦争の時は、みんな反戦論があるんですよ。日清戦争、日露戦争、第一次大戦も、公然たる反戦論があった。日清戦争でも、「戦争前の政治的な対立を棚上げにして挙国一致というのはやはりおかしいではないか」という主張は、『万朝報《よろずちょうほう》』や何かにも出ています。ところが日中戦争、太平洋戦争のときには全くそれがない。

岡義武先生も丸山眞男先生も言っておられたのですが、同時代人の実感として、満州事変の前と後で全く日本は変わってしまった、と。「そんなに変わったですか?」と聞くと、「全然変わった」と言われる。新聞論調などまったく変わってしまった、と。

満州事変においては、いまから考えると、ジャーナリズムの責任はかなり重いと思います。つまり、軍部は当時それほど自信をもっていたわけじゃないんですよ。おそらくかなり世論は反対するだろうと、当時の参謀本部の首脳たちは見ていたわけです。ところが始めてみると、日本の軍事行動支持一色になった。それで軍部は自信をもってくるんですね。どうしてああいうふうに日本のジャーナリズムが戦争謳歌一色に染まったのかというのが、むしろ不思議ですね。

松尾　ジャーナリズムと言っても、圧倒的に影響力を持っていたのは新聞ですが、雑誌のほうは案外冷静なんですね。

三谷　それはそうかもしれない。

松尾　それだけによけいに新聞の狂熱ぶりが際立つことになるわけです。あの時も、ご承知のように『東洋経済新報』はいぜん満蒙放棄論を維持し、吉野作造は新聞や無産勢力の戦争批判の弱さを嘆き、そのほか横田喜三郎とか前田多門などが、明らかに九ヵ国条約に違反している、国際法違反だ、と主張しています。特に前田は新聞人でもあったわけだから、よけいそうなんだろうけれども、新聞の異常さについて言及していますが、そういう批判者の声はその頃本当に微弱であったということは疑いない。

三谷　満州事変の段階では、批判はまだあった。やはり日中戦争以後ですね。日本の言論が戦争一辺倒になった。反論は一切許されない。反戦論の存在しない戦争自身が異常だと思います。日本の近代では過去になかった。戦争下でもオポジションというのは存在しなければいけないという議論が、日清戦争あたりにはあるんですね。

松尾　日露戦争下の平民社などの非戦論は有名ですけれども、おっしゃったように、政府は平民社それ自体をお取り潰しにするとか、新聞そのものの発行を停止するとかいうことはないですね。『平民新聞』にしても、立ち行かなくなったあと、すぐ『直言』というかわりの新聞が出て、日露戦争講和までともかく続く。社会主義の言論活動は、もちろん時々新聞紙法違反で発禁にしたり記者を捕まえて何ヵ月か牢屋に入れるとか罰金を科すとかいうことはやりますけれども、新聞それ自体、あるいは平民社というグループそれ自体を禁止するということはなかったですね。

ともかく日露戦争の大義名分が、文明対野蛮、立憲国日本対専制ロシアということをうたっている以上は、国内でそう強引なことはできなかったのではないでしょうか。特に外債募集に応じてくれたアメリカ、イギリスに対する手前。

三谷　どんな戦争の場合にも、戦争を終結するためには反戦論が必要なんですね。『昭和天皇独白録』（文春文庫、一九九五年）の中でも触れられているように、南原先生や高木八尺《やさか》先生（アメリカ政治外交史）、田中耕太郎先生（商法）たちの学者グループのいわゆる終戦工作が、政府外の世論の一つの現れとして昭和天皇の決断に及ぼした影響は小さくなかった。戦争を始めた政府や軍部にとっても、反戦論というのは絶対必要なんです。反戦論が公然と主張されるには、もちろん言論の自由がなければならない。戦時体制の下でもデモクラシーが生きていなければならない。反戦論が許容されるかどうかによってデモクラシーの質が問われます。たとえば日露戦争の場合、当局者は、反戦論の必要性をある限度で認めていたんじゃないかと思う。ところが日中戦争以後の日本には全くない。

松尾　私には、逆に満州事変以後のほうが日本の正常な戦争のあり方で、それ以前は公然たる反戦論がありえたということのほうが不思議に思えた。（笑）

三　対外侵略と天皇制

天皇三代の位相

松尾　明治憲法では、天皇が統治権を総攬するという規定があり、非常に広い天皇大権が定められていました。ですから憲法の解釈如何では天皇が広大な権限を独自に行使することが可能でしたが、実際に天皇が大きな政治問題で独裁権を行使するということは、ほとんどありませんでした。王政復古の時は明治天皇は一〇代半ばの少年で政治は藩閥官僚の手に委ねられていましたが、明治憲法が制定されたあとでも明治天皇は憲法の第五五条を尊重して国務大臣に政治を任せるという姿勢をとり続け、その国務大臣の集合体である内閣の総理大臣は、よく言われているように元老、すなわち薩摩と長州の両藩閥のトップたちの会議によって決まるということになっていました。ただし、軍隊を指揮命令する統帥権は、国務大臣の職責の範囲の外にあり、主に陸軍で言えば参謀総長、海軍で言えば軍令部長の助言を天皇が受けるということであったわけで、国務（政治）と統帥（軍事）の矛盾は最初からはらんでいたのです。

ただ、明治天皇の時代は元老の一人で、軍部を代表する山県有朋にしても単なる軍人ではなくて政治全般のことがわかる人ですし、元老の中でも明治天皇の信任がいちばん厚かった伊藤が文官としていて、政治が全体として軍事をリードするという形になっていました。

大正天皇になりますと、天皇の個人的な資質もあって、ますます天皇は政治から遠ざかっていき、政治を取り仕切ってきた元老のほうも、だんだん歳をとったり亡くなったりして発言権が衰えていく。そしてまた、政党勢力と対立してきた山県系の官僚の力も衰え、一九一八年にはいよいよ原敬政友会内閣が生まれ、さらに一九二四年には護憲三派内閣が成立するということで、日本においても政党政治が実現し、イギリス的な立憲君主制が確立したかに見えるわけです。

依然として政治が軍事をリードするという状態は続いているわけで、それがいちばん端的に示されるのがワシントン会議における海軍軍縮、それからそれよりも重大なのがワシントン会議後に三次にわたって行われた陸軍軍縮でしょう。藤原彰さんの調べでは、三〇万人をこえる陸軍の三〇％ほどの人数が減って二一万人くらいになりました（現実に減ったのは七万人ぐらいだろうという説もありますが）。実際に政治は軍事をリードしながらも、高橋是清が主張した参謀本部廃止とか、第四五議会で衆議院が建議した軍部大臣武官制の廃止とか、政治の軍事に対する優越を保証する制度改革は何一つ行われませんでした。このあたりが大正デモクラシーの限界でしょう。

では果たして大正時代の日本の天皇制がイギリス式の立憲君主制だったかというと、国民感情面における天皇の位置が、イギリスの君主に対する国民の感情と同一に捉えにくい面があります。明治憲法が枢密院で審議された時、伊藤が「ヨーロッパにおいては国の基軸としてキリスト教がある。ところが日本には、そういうものはない。だから日本では皇室をこれに据えるよりしかたがない」と説明している。教育勅語もそういう主旨でつくられたものでしょう。つまり、天皇教というようなものが依然として国民の間には広く行き渡っているという状況を勘案すると、果たしてここで立憲君主制が確立したと言えるかどうか、なお疑問が残ります。

昭和天皇の時代に入ると、満州事変で形勢が一変し、政治が軍事をリードするのではなくて、逆に軍事が政治をリードするようになります。その際に昭和天皇が国際協調と立憲主義の立場を重んじたことは事実ですが、軍部が主導する政治に対して天皇が立憲主義的な態度で臨むということになると、天皇を軍事面で補佐するのはあくまでも軍人ですから、結局は軍部の言いなりにならざるをえない。さきほども申したように、日本の立憲制度では、政治においては国務大臣とそれの中心となる総理大臣、軍事面においては軍令機関と輔弼する人が分かれていて、両者に対立が起こった時には、元老が調整をし、場合によっては明治天皇自ら乗り出して調停役を務めるということがあったわけです。立憲君主であっても、権力内部で対立が起こった場合、統治権の総攬者としてそれを調節するのも一つの責務ではなかろうかと思います。十五年戦争の最終段階に天皇が「聖断」を下して戦争を終わらせたのですが、満州事変の場合、政府も軍中央も不拡大方針をとっているのですから、昭和天皇が、国際連盟で撤兵決議が出された時に、それに従うように命令を下すということができなかったのかどうか。

張作霖爆殺事件において、天皇が田中首相に不信任の意を示して辞任させました。次の浜口内閣の時、海軍の軍縮条約の批准問題で枢密院が批准反対の気勢をあげた時に、浜口内閣が枢密院の議長や委員長の首をすげ替えると決意したのを天皇が支持するということで危機を乗り切りました。こういういきさつから軍部や右翼では昭和天皇及び側近に対して、ずいぶん不満の声があがっていた。そのため、満州事変のときには、まかり間違えばクーデターでも起こりかねないということで、天皇は関東軍を抑える決断を下しえなかった。

『昭和天皇独白録』には「もし太平洋戦争の開戦の時に開戦を天皇が妨げたならばクーデターが起こったであろう」と書いてあるわけですが、立憲君主制の下でも「警告する権利」（バジョット）を持っている君主として、やはりクーデターを恐れずに決断すべきところは決断すべきではなかったか。従って、昭和天皇には、道徳的な責任とともに、政治責任も同時に存在するのではなかろうかと思います。

擬似宗教としての天皇制

三谷　松尾さんのお話に多くの点で共感しますが、明治憲法下における天皇の役割として、天皇が自ら憲法に列挙されている天皇大権を直接行使するということは憲法解釈上否定されていて、いわゆる天皇親政というものは、明治初年から起草者である伊藤博文を含めて否定されていた。ではどうやってあの憲法を運用していくのか。つまり、明治憲法体制の政治的統合を最終的に行う主体は何なのかという根本問題が、あの憲法には最初からありました。

つまり、制度上の統合主体はもちろん天皇でありながら、天皇は現実にはそういう役割を与えられておらず、しかも天皇の下に体制の統合の役割を代行するような国家機関もなかったのです。それが明治憲法の下での権力分立制ということの意味であって、天皇を代行する国家機関を排除するという意向が、最初から憲法起草者の間に強かった。明治維新は天皇を代行する幕府を否定するということが大きな政治的な目的でした。天皇主権と、そのメダルの裏側としての厳格な権力分立制というのが明治憲法の特色であって、明治憲法の天皇主権を最も強調し政党内閣に反対する立場の憲法学者であった穂積八束《やつか》などは、日本の政体にいちばん近いのはアメリカ合衆国であり、明治憲法下の権力分立制を非常に高度に体現したのがアメリカ合衆国憲法だと言ったのです。アメリカ合衆国では明治憲法の権力分立制と同質の非常に厳格な権力分立制が行われているが、イギリスは議院内閣制で立法と行政とが連結していて分立していないというわけです。

問題は、厳格な権力分立制の下で、最終的に誰が体制を統合していくのかということです。天皇はそういう役割を果たさない。では内閣総理大臣はどうかというと、戦前の内閣総理大臣というのは弱い総理大臣でして、各国務大臣の内閣総理大臣からの独立性は非常に強いし、外部においては、総理大臣を拘束するいろいろな国家機関（枢密院や軍部など）がある。しかも、政党内閣でない総理大臣の場合は、議会の支持すらもっていない総理大臣のほうが多かったわけで、非常に弱い存在なんです。伊藤はビスマルクを日本の総理大臣の理想としたと言われるけれども、制度的に言って日本の総理大臣はビスマルクになれるような存在ではなかった。

そこで結局、憲法に書かれていない非制度的な体制の統合主体を何かに求めざるを得ない。それがさっき松尾さんのおっしゃった藩閥のリーダーなんです。要するに元老が、これは憲法に根拠を持つ存在ではないのだけれども、事実上とにかく高度な分権的な性格を持った明治憲法体制を統合する役割を当初担うわけです。しかし、藩閥はこれを再生産することが本質的にむずかしい集団で、やがて藩閥にかわって体制の統合の主体の役割を引き受けるものが必要になる。そこに政党というものが出てくる必然性があったと思います。明治憲法は本来の性格としては反政党内閣ですが、それにもかかわらず政党内閣というものが出て来ざるをえない必然性が、あの憲法にはあったということだと思うんです。

これは、ある意味ではアメリカの場合もそうであって、アメリカの有名な歴史家リチャード・ホーフスタッター（アメリカの歴代の政治家を論じた『アメリカの政治的伝統――その形成者たち』岩波書店、一九五九、六〇年、などの著書の翻訳がある）によると、アメリカは非常に厳格な権力分立制をとり、それによって「多数の専制」というものを排除する。それゆえに憲法にはない非制度的な統合主体が必要になってきて、結局、アメリカの場合もその役割を政党が担い、それを母体とする大統領制というものが出てくる。アメリカの政治史研究においてもホーフスタッターのように、反政党政府的な憲法の下でなぜ政党政府が出てきたかという同じ問題が論じられています。アメリカ合衆国憲法の場合にも明治憲法と同様の問題があったわけです。

松尾さんがおっしゃる通り、天皇は憲法を前提とする限りは政治的な統合者となりえませんが、それだけでは天皇の役割は全面的には説明しえない。非常に重要なのは、ご指摘の擬似宗教的な役割ですね。天皇信仰は宗教ではありませんが、擬似宗教的な機能をもっていて、この擬似宗教における天皇の役割が政治的役割以上に大きいと思います。

明治憲法制定に先立って、明治一五（一八八二）年に福沢諭吉が有名な『帝室論』という論説を書きます。前年に国会が開設されるという予告が出されて、国会が開設された場合の天皇のあり方はどうかということを論じたものです。戦後、天皇制のあり方を考える際に吉田茂も読んだと言われているように、いまの象徴天皇制を考える場合にも、この論文は非常に重要だと思います。福沢によれば、結局政府は社会の外面的な秩序を維持しうるにとどまる。社会の内面的秩序を維持する役割は、政府は果たすことはできず、帝室によらざるをえないというのが福沢諭吉の結論です。帝室はたしかに政治圏外、福沢のいう「政治社外」のものですが、「帝室は万機を統《す》ぶるものなり。万機に当るものにあらず。統ぶると当るとは大いに区別あり」と、天皇の役割として「統ぶる」と「当る」とを区別しているわけです。国会が開設されると政党間の対立が起きてきて政治的な軋轢《あつれき》も多くなり、国会だけで国民の心身を統合するということは非常に難しいため、国民の精神を収攬する中心というものが必要で、天皇の役割は、政治圏外にあって、日本人民の精神を収攬する中心となることである、と言っているんですね。

枢密院で憲法案の審議が行われた時に、伊藤博文が起草者として、この憲法には「我国の機軸」という大前提が必要だと言ったわけですが、ヨーロッパでは宗教がその「機軸」として深く人心に浸潤して人心はそこに帰一している。そういうヨーロッパにおける宗教、具体的にはキリスト教に相当するものが、日本も国家建設をやっていく場合には必要だと言ったわけです。

伊藤は明治一五年から一六年にかけてヨーロッパに憲法調査に行って、そこでいろいろなヨーロッパの学者の意見も聞くわけですが、彼がその点でいちばん影響を受けたのはプロイセンのルドルフ・フォン・グナイストです。伊藤が直接に聴いた講義の記録は残っていませんが、その少しあとに行った皇族の伏見宮貞愛《さだなる》親王が聴いた講義の記録が残っていて、それが『グナイスト氏談話』というので当時広く世の中に出回っていたのですが、そこでグナイストは国家体制の基礎として宗教というものが重要だということを強調しています。日本の場合には具体的にどうするかというと、グナイストは、おそらく日本では仏教というものが盛んなはずだから「日本は仏教をもって国教とすべし」と言っているのです。一八五〇年のプロイセン憲法の第一二条には信教の自由の規定があるわけですが、日本では信教の自由の規定は憲法に入れないほうがいいと勧告している。プロイセンの場合、国家体制の基礎はキリスト教になっていて、プロイセン憲法の一四条は「キリスト教は礼拝と関係する国家の制度の基礎とされる」となっているわけですが、その「キリスト教」にあたる部分を「仏教」にせよと勧告しましたが、伊藤は結局それはとらなかった。宗教が国家の基礎になるという点は非常に重視しながら、仏教も含めて日本は宗教というものがどれも非常に弱くてキリスト教に相当するような宗教はないと考えたからです。

そこで、「我国にあって機軸とすべきは、独り皇室あるのみ」という結論になるわけです。

端的に言えば、日本には国家体制の基礎となるべき「神」が存在しないため、「神」に相当するものとして天皇をたてるべきだという論理で、したがって天皇は神格化せざるをえない。それが明治以後、日本独自の天皇制というものを成り立たせる観念的な動機になったと思います。天皇制というのは結局キリスト教の機能的な等価物《ファンクショナル・エクイバレント》だということになる。同じ君主でも、ドイツのカイザーは人間であって神ではありませんから、全然性格が違うんです。民法学者の穂積重遠が一九一三（大正二）年にドイツに行って、ドイツ人に「今度の天皇（大正天皇）は国民の間で人気があるかね」と言われてびっくり仰天する。「人気などというものではない。我々は天皇というものを神として見ているんだ」という説明をするんですが、ドイツ人は全然理解できないんですね。

――教育勅語の機能についてはいかがですか？（編集部）

三谷　教育勅語には宗教的な命題が組み込まれているわけではなくて、そこで説かれているのは専ら日常道徳的な命題ですね。本来そういうものとして起草されたものなんです。教育勅語の最終的な起草者は井上毅と元田永孚で、井上毅が主要な役割を果たした。最初に起草を命ぜられたのが『西国立志編』の訳者の中村敬宇（正直）なんですが、中村敬宇の最初の原案を見ると、彼は朱子学者であると同時にクリスチャンですから、宗教的な命題が天皇の言葉として連ねられている。それを井上毅は非常に嫌うわけです。「徹底して道徳的な命題で構成するべきだ。宗教的な命題を連ねるということになると、必ず論争があとで起きてくる。論争が起こらないような命題で教育勅語は埋めなければいけない」というわけです。
　私が井上についてさすがだと思ったのは、起草の過程で、これをどういう形式で渙発するかということが問題になった時に、井上毅は「少なくとも日本の憲法では良心の自由というものをうたっている」ということを言っています。「良心の自由」という国民の内面にかかわる問題について、天皇が国民に直接に命令するというのは立憲制の主旨に反する。どうすれば「良心の自由」に抵触しないで教育勅語を発することができるかということを彼は考えて、結局「君主の著作公告と見なさざるべからず」という断案を下したわけです。国務大臣の輔弼を要しない、天皇の著作物であるというフィクションをとるんです。天皇の「著作公告」なら、少なくとも建前上は「良心の自由」を侵すことにはならないというわけです。このように井上毅は教育勅語の起草者として、それが立憲制に抵触する可能性があるということを明確に認識していた。そしてそれを重要な問題として考えたことは事実です。井上とは政治的に反対の立場にあった中江兆民がその死を前にして書いた著作『一年有半』（一九〇一年）の中で「近時わが邦政事家井上毅君較《や》や考ふることを知れり」と評価しているのは、理由のあることだと思います。ただ、教育勅語が出てきたゆえんとして、単なる立憲君主ではなくて超立憲君主であるという天皇の性格があると思います。
松尾　通常の勅語のように、総理大臣以下の副署をつけると値打ちが却って低下するという、権威づけということもあったんじゃないかと思います。
三谷　政治の変動にかかわらない、政治から超然たるものという考慮はあったでしょうね。

松尾　ただ、教育勅語は、ふつうの人間が守るべき日常的な徳目がきちんと列挙されていて結構なように見えますが、最後は「以テ天壌無窮ノ皇運ヲ扶翼スヘシ」と締めくくられています。すべて天皇の御ためだという結論ですね。

三谷　「一旦緩急アレハ義勇公に奉シ」というくだりについては、当時の首相の山県有朋が軍備増強がいまの日本に必要だという理由づけを提供するような文言を何とか教育勅語の中に入れてほしいという要求を出したことと関係があると思います。結局、天皇信仰が擬似宗教であるのに対応して、教育勅語も擬似宗教教義的な性格はもっている。

挫折したシビリアン・コントロール

三谷　藩閥政治の時代、藩閥のリーダーは、伊藤博文にしろ山県有朋にしろ、いわゆるミリタリーとシビリアンとが区別されていなくて、彼らはミリタリーであり、かつシビリアンであるという性格をもっていました。それが松尾さんがさっきおっしゃった「政治が軍事をリードする」ということの意味ですね。そういう藩閥の果たした役割を政党が引き継ぐ場合、政党の場合には正式にシビリアン・コントロールというものを制度化せざるをえない。原敬は実際そうしようとした。ワシントン会議の時、軍部はいよいよシビリアン・コントロールが実現し文官《シビリアン》が軍部大臣になる時代に備えて、いかにして統帥権の独立を守るかについて工夫が必要だということを、海軍も陸軍も認識し、内部で議論しています。

しかし原敬の考えたことは、戦前の政党政治の下で実現しなかった。浜口内閣の時も、浜口首相がロンドン海軍軍縮会議の間、海軍大臣事務管理をやって、それを足場として原が考えたのと同じような形でシビリアン・コントロールを将来実現しようと考えたものの、統帥権論争が起きて、結局実現しませんでした。

松尾さんのいわゆる「政治が軍事をリードする」という関係が逆転するのは、昭和に入って満州事変が一つの大きな転換点になったと思います。昭和天皇の価値観を形成する上でいちばん大きな影響力をもったのは、第一次世界大戦後、パリ平和会議に全権代表で出席した人たち、具体的には元老西園寺公望、内大臣牧野伸顕、それから侍従長の珍田捨巳などです。パリ平和会議やワシントン会議を通じてつくられた、国際的な意味での戦後体制をつくる上でイニシアティブをとった人たちが側近にいたということが非常に大きいし、何といっても西園寺は本来政友会総裁で政党政治家だったわけですから、牧野と西園寺との間では同じ国際協調主義でも政党政治をめぐって考えの違いがあったとは思いますけれども、いずれにしても第一次世界大戦の戦後体制の価値観が昭和天皇に非常に大きな影響を与えていた。満州事変以後の情勢の変化は、そういう価値観と衝突します。その最初が張作霖爆殺事件だったと思います。張作霖爆殺事件が発端となって、天皇と陸軍——統帥権の制度上の主体と事実上の主体——との間の亀裂が起こり、天皇と陸軍とのある種の感情的な対立が、二・二六事件まで及んでくるわけです。

私の考えでは、第一次世界大戦の「戦後」が満州事変で終わって、そこから新しい「戦前」が始まるわけです。第一次世界大戦後、「これからは平和と民主主義の時代だ」というようなことをいろいろな人が言っていますが、それは第二次世界大戦後によく言われた言葉と非常によく似ています。ヨーロッパでも、そういう時代区分でして、一九三一年というのがヨーロッパにおける「戦後」の終わりということを言っているイギリスの歴史家がいます。一九三一年で第一次世界大戦の「戦後」が終わり、それ以降第一次世界大戦の戦後体制の改変のプロセス、即ち脱戦後化が進行していくのです。

そういう状況の転換に対して、昭和天皇に違和感があったということはたしかだと思います。軍部からすると、統帥権の制度上の主体と事実上の主体との間に中間物が介在するというのは最も望ましくない。中間物の最たるものは政党ですから、反政党を主張し、政党の力が衰えたあとは、第一次世界大戦の戦後体制の価値観をもっていた天皇側近を排除しようとします。そこで西園寺、牧野以下、天皇側近のイデオロギーが天皇機関説だということになり、天皇機関説排撃運動が起き、それを軍部はバックアップするわけです。

満州事変によって満州国がつくられますが、そこには戦後体制に対する反体制観念が非常にはっきりした動機としてあると思います。満州事変を起こした石原莞爾が言うように、戦後体制の反体制のモデルを国内改造によってつくることは、政党内閣の時代だから難しい。満州事変から以後のプロセスというのは、まず国外で事を起こして、それから国内改革にとりかかっていくというプロセスです。満州国が日本の戦後体制の反体制モデルをつくり、それをモデルにして国内の改造を進めていく。実際に協和会が大政翼賛会のモデルになったように、近衛新党運動や近衛新体制運動は、満州国の反体制モデルに基づいてやろうとした国内の改革運動だったのです。それはうまくいきませんでしたが。

天皇の戦争責任

松尾　天皇の戦争責任をどうお考えになりますか？

三谷　天皇は統帥権の制度上の主体ですから、制度上の主体としての責任は当然負わなければならないという意見です。ただ、責任という概念は非常にむずかしいので、非難可能性を伴う罪咎《ざいきゅう》としての責任と、制度上の責任というものがある。つまり、たとえ故意過失はなくても責任を負わなければならない無過失責任のようなものがあると思います。昭和天皇の場合には、憲法上の主権者であったということに伴う制度的な責任です。それは、ある意味では政治責任なのかもしれないけれども、政治責任というのは本来は政治的な行動に伴う責任なので、そういう意味の政治責任があったかどうかには、疑問があります。

明治憲法第三条の「天皇ハ神聖ニシテ侵スヘカラス」という条文の意味は、政治的な行動はしないから政治的な行動に伴う政治責任は負わないということなんですね。ヒトラーやムッソリーニは、自らの意志に基づく選択でフューラー（総統）やドゥーチェ（統領）になったわけですが、天皇は違う。政治的責任を問うというのは非常にむずかしいのではないかというのが、率直のところ、私にはあるんです。

松尾　ただ、事実として天皇の政治行動はあったわけで、太平洋戦争開戦にあたって、たとえ天皇自身は不本意であっても、戦争の詔勅を出さねばなりませんでしたし、戦争が始まってからは、山田朗氏の調査によると、作戦面で天皇がじかに命令を出したケースが一七回あるそうです。特に私が引っかかるのは、いよいよ敗戦必至の一九四五年二月に、近衛をはじめとして何人かの総理大臣経験者に対し個別に天皇が意見を求めた時に、近衛だけが特に「もはや敗戦は必至である。ほっておけば共産革命が起こるだろう。速に終戦工作にとりかかるべきだ」という有名な上奏文を提出したが、それを受け取った天皇は、もう一度戦果を上げて日本が有利な地位を占めてからでもいいじゃないか、と棚上げしてしまったことです。そういう天皇の政治判断が全く責任がないと言えるのかどうなのか。あの戦争によって、日本人だけで三〇〇万、中国側では二〇〇〇万と言われる多数の人命が失われたということに対して、たとえクーデターが起ころうと統治権の総攬者として戦争終結に向かって踏み切るべきではなかったか。

三谷　軍事作戦に実際にどの程度関与したかという事実の問題はともかくとして、とにかく天皇の名においてあの戦争は開戦され、天皇の名において閉じられたということは厳然たる事実なので、それに伴う責任は、作為、不作為含めて、当然あるべきだと思います。ただ、こういう事実があったからこれについて責任があるという問題の立て方はすべきではなくて、戦争全体について主権者としての責任がある。そうでないと、実際に事実がなければ責任を負わなくていいのかということになってしまいます。

松尾　そうですね。しかし事実認定が無意味とは言えません。民間会社では業績が不振となれば、本当は社長の責任ではなくて経済不況のためであっても、社長は辞めねばならない。まして社長の指揮に問題があったとすればなおさらです。

三谷　ただ、どういう形で責任を負うべきだったのかは分かりません。退位はおそらく一つの選択肢であったかもしれません。昭和天皇自身も考えたでしょうし、木戸幸一内大臣などは、たとえば講和条約が成立したような時点で退位されたほうがいいのではないか、ということを言いました。吉田茂首相が反対して結局実現しなかったんですが、そういう形で責任をはっきりさせておけば、戦後日本のあり方を考える場合、日本の国民の考え方も全然違ってきたし、政治家の考え方も変わってきたと思います。あるいは近隣諸国の受け止め方も今日とは違ったものになったかもしれません。

松尾 いよいよ占領が終わるという段階で、当時新進の中曽根康弘代議士が、天皇は自発的に退位すべきだと議会で発言しましたね。それを吉田茂が「非国民」呼ばわりして一蹴したというエピソードもあるわけですけれども、かなりの国民の間で天皇のけじめが必要だと思われていたのは事実でしょう。

三谷 そういう問題はおそらく戦争の末期からあったと思います。南原繁先生らの終戦工作の時、南原先生らから木戸内大臣に対して、終戦後の天皇退位について示唆があったようですし、先生のお考えとしてはそれが一貫していた。あるいは木戸内大臣の考え方の中には終戦工作に携わった当時の学者グループの考えがある程度反映していたのかもしれません。

松尾 近衛文麿も先に述べた上奏文を提出する以前に天皇退位を想定していたようです。京都の陽明文庫に岡田啓介・米内光政の両元首相と、つい近所の仁和寺の住職を招いて密談し、日本降伏に際して連合国が天皇の責任を追及した場合、天皇は退位の上落飾、即ち髪をおろして仁和寺に入り、「裕仁」をそのまま残して「裕仁《ゆうにん》法皇」と名乗る、という計画が出来たようなんですね。その次の日には高松宮が陽明文庫を訪問して密談している。

三谷 昭和天皇退位問題と結びついた形で、高松宮擁立工作が近衛をはじめ、一部の人々の間であったことは、事実だと思います。このことは、近い将来明らかになっていくと思います。昭和二〇（一九四五）年の八月から近衛が自殺する一二月までの短い期間は、目に見えないところで占領軍をもまきこんだ形で、戦後の天皇のあり方をめぐる国内の対立が続いていたと思います。

象徴天皇制

――戦後の象徴天皇制は、戦前の明治憲法体制の天皇と、どういう転換があったのでしょうか？（編集部）

三谷　憲法改正問題が起きた時に幣原内閣の憲法問題担当国務大臣松本烝治のグループで考えたのは、美濃部達吉なども含めて、天皇機関説を明確化する憲法案でした。それでは連合国の支持はなかなか得られないので、総司令部の内部から民政局次長ケーディスなどは機関説ではやはりまずい、国民主権ということをはっきり条文にうたわなければだめだと主張した。英文の憲法草案が出たあとも、それを日本文にどう訳すかという問題をめぐって総司令部の関係者と日本の政府当局者との間で応酬があった。日本側は漠然たる表現で「国民主権」というのをなるべくぼかして「国民の至高の意志」とするわけですが、総司令部は、「至高」即ち「supremacy」は「sovereignty」とは全然違うから、「sovereignty」をしっかりと日本語の上でうたえ、そうでないと、天皇の地位を維持するということはむずかしい、と言うわけです。ですから、象徴天皇制というのは、日本側の機関説論とアメリカ側の国民主権論との妥協として出てきたのだと思います。

松尾　もし完全に国民主権という主旨をはっきりする新憲法であるならば、第一章は「国民の権利及び義務」だとか「国会」となるはずで、旧憲法と同じ配列で第一章に「天皇」が出てくるはずがないですからね。

三谷　アメリカ側は、第一章に天皇の章を置くのはいいけれども、「天皇」の地位は主権者たる国民の意志に基づくんだという趣旨を明確にしろということを言って、それをめぐって非常に激しい応酬があるわけですね。「ポツダム宣言」には「日本の政治の形態は国民の自由な意志の表明による」というふうに書かれている。その趣旨が憲法の中に明記されなくてはいけない。したがって天皇というものも国民の意志によって置かれ、場合によっては国民の意志によって除かれ得るという可能性を条文の上ではっきり出さなければだめだと言うんですね。

松尾　肝心の天皇自身の考え方が果たして新憲法の公布に伴って変わったのかという点も、ぼくはいささか疑問があるんです。まず第一に、敗戦の翌年、一九四六年一月一日に一般に天皇の人間宣言と呼ばれる詔書が出されて、ここで天皇自らが現人神であることを否定したと言われていますけれども、実は詔書のいちばん最初に五箇条の誓文が出てくる。それを入れるということが、昭和天皇の非常に強い希望であったのです。要するに日本の民主主義は明治天皇の「五箇条御誓文」に発していて、それが代々引き継がれて今日に至るのであって、天皇こそが民主主義の伝統の体現者なのだということを特に強調するためだったと理解されます。マッカーサーも天皇の要望を受け入れた。ここにも妥協が出てきます。

芦田均が片山哲内閣の外相だったときの日記に、天皇が芦田に対して、自分のところへ来て内奏（所管の政務についての国務大臣の報告）をしろと言ってくるが、芦田はずいぶんためらったと書いています。

それは象徴天皇の立場としてはふさわしくないのではあるまいかと芦田は思うのだけれども、結局、嫌々ながら芦田は出かけて行く。内奏という形での天皇の政治に対する何らかの意思表示はずっと続いているようですね。少なくとも佐藤栄作首相などの時は、喜んで内奏に出かけています。ですから、新憲法のもと天皇が政治と完全に無関係になったとは言えないように思います。

三谷　特に昭和天皇の場合はそうだったでしょうね。

日中の衝突はなぜ回避できなかったのか？

――満州事変はなぜ起きたのでしょうか？　なぜ阻止できなかったのでしょうか？（編集部）

松尾　中国のナショナリズムに対する日本の姿勢が基本的にあるように思います。中国で反帝反軍閥を掲げる北伐が成功して国民党政権が樹立されると、必然的に満州の統合が問題にならざるをえない。そうなると日本が満州に持っている日露戦争以来の利権と衝突せざるをえなくなる。時の政友会・民政党の二大政党間に意見の対立が起こる。政友会のほうは、武力をもってしてでも満州の利権は維持しなければならないという態度。民政党のほうは幣原外交で、協調外交の主旨で、武力行使を伴わずに利権を確保したいというもので、満州に持っている利権を段階的にでも解消するという考えはなかった。つまり、中国のナショナリズムに対して既得権益を守るという主旨において政友・民政とも基本的には同じなのであって、衝突は不可避となります。ただ、不可避だとしても、具体的に満州事変が起こった場合、何か打開策が残されていたのではないかと思われますが、どうしてズルズルと関東軍に押し切られて満州国樹立にまで行ってしまったのか。

吉野作造の場合は、一九二八年に、既存の権益は一度白紙に還し、その上で話しあいで残すべきものは残すという方針が必要だと言っています。そういう姿勢は満州事変が始まる段階になっても変わらない。全面的に解消すべしとは言っていませんが、方向とすれば段階的解消と言っていいかもしれません。

三谷　日本の満州権益維持のための戦後体制は、原内閣当時の一九二一（大正一〇）年に確定した、土着の軍閥張作霖との提携によって日本の満州権益を維持していくという方式を基本とするものでした。それをワシントン体制の下で貫いたわけです。しかし、張作霖と提携するということではなかなか日本の満州権益は有効に運用できないから、張作霖政権よりももっと日本への依存度が強い政権をつくろうという考え方が現地軍の中に非常に強くなってきて、現地軍は一九二八年六月の張作霖爆殺事件を引き起こす。そのときすでに満州事変のシナリオは一応原型が準備されていて、結局それはほとんどそのまま満州事変において実現される形になりました。

満州事変のもっとも深い動機は、単に満州権益の維持ということではなくて、戦後体制に対する挑戦として、反体制のモデルを提示するということであり、そういう考えが張作霖爆殺事件や満州事変を引き起こした河本大作、板垣征四郎、石原莞爾などの先端的な軍人たちの間にはあったと思います。

しかも、満州事変の場合は、南満州に限らず、北満州のソ連との国境に近い線まで進出するというシナリオがありました。それまでは関東軍は大した存在ではなかった。数年前に旅順に行って旧関東軍司令部の建物を見ましたが、満州事変後のものと比べると小さいもので、満州事変前には関東軍はさほど重視されてはいなかったことが分かりますが、満州事変以後非常に大きくなってきて、奉天（瀋陽）から長春（新京）に移り、建物も立派になっていく。関東軍自体の地位が非常に高まってきたわけです。

松尾さんのおっしゃるワシントン体制下の中国ナショナリズムのご理解は全くその通りだと思いますが、ワシントン体制というのは両面性があって、中国に関する九国条約について、当事国の間でも、中国ナショナリズムを助長する路線をとるのか、それとも九国条約の中国を除く当事国間の国際協調を重視するのかという二つの路線があったと思います。アメリカでもワシントン体制について中国派と日本派の二つに分かれていて、中国派はもちろん中国ナショナリズムを助長するのに対して、日本派は中国ナショナリズムよりも九ヵ国の中の中国を除く八ヵ国の協調というものを重視すべきだとし、中国側が不平等条約の廃棄・改正を要求してくるのに対しては、国際協調の下に他の八ヵ国は一致して当たるべきだという考え方をとっています。ワシントン体制をつくった当時は共和党政権でしたが、国務省にもヒューズ（ワシントン会議当時の国務長官）・マクマレー（ワシントン会議当時の極東部長）路線が日本派の路線で、それに対して中国を支持するホーンベック（一九二八〜三七年の極東部長）・ジョンソン（ホーンベックの前任の極東部長、日中戦争時の駐中大使）らの中国派がいた。

太平洋戦争が終わると同時に、結局日本派が敗北して、ジョセフ・グルーの下にいた日本派は日本の敗戦と同時に国務省を辞めていくわけです。だから日本占領は、日本派のイニシアティブではなくて、どちらかと言えば中国派のイニシアティブで運営されている。だから、日本派による占領政策への批判は激しいものがあり、ジョージ・ケナンは日本派ではなかったんだけれども、日本派の主張を体現する形で、戦後日本に対する一九四八年頃からの占領政策の転換を支持し、日本の経済再建を重視してアジアにおける日本の地位を回復していくイニシアティブをとるわけです。このグループは、ワシントン体制下の日本を含む国際協調を支持する考え方をとったグループでもありました。そのような考え方は、ジョージ・ケナン『アメリカ外交五〇年』（岩波書店、一九五二年、岩波現代文庫、二〇〇〇年）の中の「アメリカと東洋」の章を見ますとはっきり出てきます。

――満州事変で両国の衝突は止めようはなかったとお考えですか？（編集部）

三谷　事変勃発時は第二次若槻民政党内閣の幣原外相在任中で、幣原外交を支持していた米国や英国といえども望ましくない事態が起きたとは思っています。幣原自身は、むろん満蒙権益を放棄するという考えではないけれども、国際協調路線ですから、少なくとも軍事力によって現状を変えることには否定的だったと思います。現状を変える形で満州事変が起きたということについては非常に衝撃を受けるわけで、英米との関係をそれによって害するという事態は何としても避けるべく、何とか軍事行動の拡大をとどめようと努力したことは事実だと思います。

松尾　その場合でも、決め手となるのはやはり天皇だったと思います。ともかく軍が動いているわけですから、軍の最高統率者といえば天皇以外にはないわけで、天皇以外には抑えられない。もしそのとき浜口雄幸がいれば、ロンドン軍縮であれだけ腹を据えて、枢密顧問官のクビをすげ替える覚悟で枢密院の批准をとりつけたわけですから、事態は変わっていたかもしれません。

三谷　浜口内閣は、満州事変の年に退陣するわけですけれども、政党内閣のピークだったと思います。

浜口内閣を引き継いだ第二次若槻内閣にも留まった井上準之助が大蔵大臣として軍部に抵抗しています。要するに浜口内閣の基本路線は軍縮路線なんです。幣原外交における国際協調の重要な部分は、軍縮にあります。軍縮のために最も重要なのは財政政策で、それが井上の緊縮政策と結び付いているわけです。井上財政と幣原外交とは、論理的に結び付いていたわけです。井上財政は当時のグローバル・スタンダードである金本位制に基づく財政です。金本位制というのは、金兌換に応じうるだけの金準備を確保しておくために、必然的に緊縮財政を伴わざるをえません。それと国際協調が結び付いて、中国に対しても、少なくとも満蒙権益を拡大するという路線はとらない。ところがその路線が満州事変でたちまち暗転するわけです。

松尾 大変タイミング悪く、大恐慌が起きましたしね。

三谷 松尾さんが指摘された、なぜ天皇が軍事行動を止められなかったかという問題ですが、満州事変によって起きた非常に大きな変化は、天皇自身がその主体であるところの統帥権が軍によって侵されたという認識を持ったということなのです。事実としてもその通りだったと思います。そのことは、単に満州における日本軍の軍事行動が天皇の意に反したということではなく、およそ天皇の統帥権の発動に伴うべき法的手続が無視されたということです。

天皇にとって最大のショックは、朝鮮軍の独断越境問題です。朝鮮軍が関東軍を支援するために、当時日本の領土であった朝鮮と中国との国境を越えて満州に入るのですが、国外に軍隊を出すことは、閣議で出兵に要する費用を支出する決定がなければできなかった。当時の若槻内閣はもちろんそういう決定は行わなかった。ところが閣議決定とそれを受けての天皇の勅裁に基づく参謀総長のいわゆる奉勅命令を待たないで、現地でつくられた作戦計画に基づいて朝鮮軍の独断越境が行われ、結局事後の奉勅命令で朝鮮軍の独断越境を追認するのです。これは法的に見れば明らかに統帥権の干犯なのです。軍が率先して動けば、結局政府は、あとからついてくるという先例ができたということが、参謀本部の第二課の機密作戦日誌に書かれている。軍はそれによって自信を持つし、天皇の威信は地に落ちたんですよ。これは、張作霖爆殺事件以後の天皇と陸軍との対立を決定的にしたのです。当時の関東軍司令官は本庄繁で、後に天皇の側近の侍従武官長になりますが、天皇が侍従武官長の本庄繁に対して「軍部は統帥大権を干犯したり」と言ったと、本庄の日記に出てきます。

天皇の統帥権を侵すということは、陸軍の組織の壊滅さえ引き起こしかねないことですが、しかし、現にもう軍事行動は展開されて、作戦計画にのっとって無人の野を行くごとくに軍事的な成果を挙げている。中国側もまったく何の抵抗力もないし、日本の国内にもない。国内の新聞論調は圧倒的にこれを支持するというわけで、陸軍としてはすべての懸念がフッ飛んじゃうのですね。

松尾　天皇をもってしても、いかんともし難いことだったのでしょうか。

三谷　満州事変は、そもそも憲法に基づく統帥権への挑戦という意味をもっていたと思います。要するに憲法に対する破壊的意味をもっていたということです。その意味で後の天皇機関説排撃運動と同一の思想によって動機づけられていたと思います。奉勅命令を待たないで軍隊が動いたということは、そのことを明らかにしています。したがって天皇は非常に傷ついたわけで、二・二六事件のときに陸軍に対する天皇の鬱積した感情が爆発することになるのではないでしょうかね。

満州事変以後、とくに連盟脱退を通告する一九三三（昭和八）年以降非常に変わるのは、日本の国際秩序観が一変したことです。まず国際連盟を地域別組織に改編していくべきだという考え方が出てきて、国際法学者のなかには極東なら極東国際連盟というかたちに編成替えしていくべきだという考え方が出てきたのです。そういう考え方のベースにあったのが、これからの国際秩序はナショナリズムでも帝国主義でもない、「地域主義」だという考え方です。

汎ヨーロッパ主義運動を演出していたクーデンホーフ＝カレルギなどは、「地域主義」の考え方に基づいて日本の主張を認めるべきだということを『汎ヨーロッパ』という汎ヨーロッパ主義の雑誌に書いて、それが日本にも翻訳されて出ています。そういう地域主義の考え方が、ちょうど一九三三年以降非常に強くなってきて、それがずっと日中戦争、太平洋戦争の時期まで続いていきます。

いまもよく国民国家《ネーション・ステート》の時代は終わったと言われますが、その主張は一九三〇年代から四〇年代にかけて非常に強かったのです。だから、中国がナショナリズムを主張するというのもおかしい、日本のナショナリズムは東アジアにおいては最後のナショナリズムであって、いまはもうそういう時代じゃない、地域の連帯に基づく「地域主義」の時代だという考え方ですね。日本の占領地域が拡大するとともに、それを「地域主義」の論理でもって正当化することになっていったと思うのです。

「大東亜共栄圏」も「地域主義」の考え方です。だから、「大東亜共栄圏」に独自の国際法が必要だという主張が唱えられるのです。なにも全世界に普遍的な国際法ではなくて、「大東亜共栄圏」に独自の国際法、「大東亜国際法」というものが必要だという考え方が、当時の日本の国際法学者のなかでさかんになってくる。

四　可能性としてのデモクラシー

反対勢力としての社会主義運動

松尾　『中央公論』の一九三二年一月号に吉野作造が「民族と階級と戦争」という論文を書いて事変の批判をやります。無産党が意外なほど批判の声を挙げていないということが批判のひとつの眼目です。満州事変をなぜ防ぎえなかったかということのひとつの論点として、無産勢力の問題があると思います。

あのとき、満州事変反対に全無産政党が動いたわけではないけれども、さりとはいって、積極的に事変を支持する勢力も無産党内部ではまだそれほど多くない。むしろ吉野は無産党を励ますためにそういうことを書いたのかなという気もするのです。

あのとき右派の社会民衆党と左派の全国労農大衆党と合法無産政党が二つありました。労農大衆党のなかには日露戦争に反対した平民社の堺利彦を委員長とする反戦委員会がつくられまして、戦争反対の意思表示はするのですが、一方、松谷與二郎たちは積極的に軍に協力するということで、けっして一本化はしていない。社会民衆党のほうは、吉野作造は反戦の立場ですが、吉野の娘婿である書記長の赤松克麿は国家社会主義を唱えて、軍部に対して協力的な姿勢を見せる。しかし、社民党全体がけっして赤松一色に塗りつぶされたわけではない。吉野はこの社民党のなかの軍部批判派と全国労農大衆党のなかのそれとを結びつけるべく尽力して、一九三二年七月には社会大衆党ができます。

社会大衆党は、社会運動研究者のなかでは「大右翼」の成立だとあまり評判のよくない政党です。社会民衆党の人たちのほうでも、「右翼」という言葉を拒否はしていません。当時無産党運動のなかにおける「右翼」というのは、反共の社会民主主義ということです。ですから、「大右翼」といってもファシズムに反対するという要素もかなりふくまれていた。たとえば、大阪では、両党の支部が「反動ファッショ」を粉砕するために即時無条件で合同しなければならない、と両党本部に進言しており、社会大衆党には反軍部的な面がたしかにあったのです。社会大衆党は、日中戦争の前、かなりの勢力を占めるようになって、代議士の数も三七人と社会大衆党以外の加藤勘十を加えて、無産派は合計三八人という代議士を擁していました。

三谷 社会大衆党が進出したのは二・二六事件直前の選挙ですよね。選挙の結果少なくとも勢力としては第三党になるのですね。それが二・二六事件の決起した将校たちの危機感を煽り、決起を早めたということは、首謀者の一人磯部浅一なんかが調書のなかで言っています。

松尾 二・二六事件以後もさらに進出して、合わせて得票数が一〇〇万票です。だいたい有権者の一〇%が社会大衆党を主力とする無産政党に投票したわけで、このあたりが社会主義運動としての数的なピークということになります。ただ、日本の社会主義運動はさかのぼれば一九〇〇年ごろですから、三七年後になって一〇〇万票、三八議席というのは、どうも弱きに過ぎるのではないかと思います。そういう無産政党を支える労働組合運動のほうにしても、一九三七年ごろの組織率がだいたい六%という数字です。

どうしてこういう数字にとどまるのかというと、一九〇〇年に治安警察法がつくられて、事実上労働争議や労働組合が禁止され、非常に早く労働運動に対する弾圧体制がとられたことにその理由がある。一方においては、労働者保護立法が日本においてはほとんど存在しない。一九一一年に工場法ができますが、実際に施行されるのが五年後の一九一六年で、その中身もずいぶん貧弱です。

原敬内閣のときに労働組合法が立案はされますが、議会に提出されない。やっと一九二六年加藤高明内閣のとき、治安警察法の第一七条と第三〇条が廃止されるということで、労働争議が犯罪行為ではなくなりますが、労働組合法案は審議未了となります。一九三一年浜口内閣の労働組合法は衆議院だけは通りますが、貴族院で審議未了に終わります。その背後には資本家団体の強力な反対運動がありました。婦人参政権の第一歩ともいうべき婦人公民権法案もこのとき議会に出され、衆議院は通りましたが、貴族院で葬られる。

一方、社会主義運動のほうはというと、社会民主党が一九〇一年に結成されますが、すぐ禁止されます。しかし、宣伝啓蒙運動としての社会主義運動は継続し、平民社の反戦運動につながっていきます。日露戦争が終わって、西園寺内閣が成立して、原敬が内務大臣になり、初めて日本で社会主義政党を合法的存在として認めて、日本社会党という名前の政党ができます。しかしながら、幸徳秋水がアメリカから帰ってきて、それまでは社会主義運動といえば普通選挙運動が非常に大きな部分を占めていたのが、直接行動論がにわかに党内で支配的になって、社会党の内部がガタガタになる。一方では、山県有朋を中心とする官僚勢力の圧力も加わって、せっかくできた合法的な社会主義政党が一年後に禁止され、大逆事件が起こって、社会主義運動も全面的に禁圧されてしまうのです。

第一次世界大戦後、普通選挙運動が盛り上がり、労働組合運動だけではなくて、農民組合運動とか婦人解放運動とか全国水平社の運動といった民衆運動が急速にさかんになって、政府の側でも取り締まれなくなって、治安警察法一七条が事実上適用停止状態になってしまいます。そういう情勢の中で社会主義運動が復活し、日本共産党も一九二二年の春には生まれます。いまでも共産党はわが党は一九二二年七月一五日に結党されたと言っていますが、確実な史料による裏付けはありません。すでに加藤哲郎氏が始めているモスクワの関連史料の発掘が進めば、この問題も解明されるでしょう。

ところで新段階に入った社会主義の理論的指導者の山川均は、いまさら普通選挙をやれば、かえって日本の議会を安定させることになってしまう、それだけ日本が革命から遠のくことになるという考え方であった。ロシア革命に続き日本の国内においては一九一八年の米騒動のような大暴動があって、ここ日本においても早晩に革命が起こるであろうという、いまから思うと不思議なくらいの楽観論、幻想みたいなものが若手の社会主義者の間に拡がります。そういうことでせっかく全国的に拡がっている普通選挙運動に、労働組合運動なり社会主義運動なりが入っていかなかったということが、実際に普通選挙法が施行されたあとの選挙において、社会主義政党があまり進出できなかった理由だと思うのです。

一九二五年には普通選挙法とほぼ同時に治安維持法が成立しますが、治安維持法成立は、たんに共産主義弾圧というだけにとどまらない大きな意味があった。この法律が、せっかく合法的に成立した無産政党に対する抑制的効果を強く及ぼし、無産政党の活動を封ずることによって議会進出への道を阻むという効果があったのです。そういうしだいで、一九二八年に普通選挙が実現されたときに、票数が五〇万票、当選者が八人という数字です。つぎの浜口内閣になってからの一九三〇年の選挙では、逆に当選者の数が五人に減る。無産党同士の勢力争い、候補の乱立もあるわけですが、さらにいえば、そういう無産政党の分裂が労働組合、農民組合の分裂につながり無産勢力の一本化がなかなかできない状態が続くのです。

やっと一九三二年に社会大衆党が成立して、労働戦線・社会主義戦線の一本化がほぼ実現するという経過になるのですが、ともかく無産勢力があまりにも微弱で、それが戦争を抑止できないひとつの原因になった。

三谷　私はいまおっしゃったことに異論があるわけではまったくありませんが、無産政党の歴史的な意義は、結局、無産政党自身がそういう意図をもっていたかどうかはともかくとして、無産政党があったがゆえに既成政党によっては代表されなかった少数者の利益が代表されたということにあると思います。無産政党が複数政党制の基盤を強化し拡大したという意味は非常に大きいのではないか。もし無産政党が出現しなかったとしたら、日本の複数政党制は非常に貧しいものになったのではないでしょうか。

松尾　そうですね。

三谷　無産政党が出現するまでにいろいろな社会主義運動の内部で路線の対立、衝突があって、明治期に幸徳秋水等の直接行動論が支配的な影響力をもった時期がありましたが、結局社会主義勢力が政党としての組織をもつべきという考え方がだんだん強くなってきた。

私は無産政党の歴史的な意義を認めるにやぶさかではありませんが、大正期以降日本の社会主義政党の「政党」という観念の有力なモデルになったのは、ロシア革命の所産としてのソビエトなりボルシェビキであった。ということは、複数政党制ではなくて一党制が日本の社会主義勢力の有力なモデルになったところにいちばん大きな問題があったのではないかと思うのです。事実としては複数政党制を発展させ、そして事実として少数者を代表したという政治的価値はありますが、それ以上には出なかったというところに戦前の社会主義政党の非常に大きな問題があったのではないでしょうか。政党間競争を前提とした、吉野作造のいう「自由主義的政党観」が欠如していたことが問題だったのではないか。無産政党の非常に大きな部分が、複数政党制の観念からすればそれに相反する大政翼賛会に抵抗なく吸収されていくような体質をもっていたことは大きな問題だったと思います。

松尾　その場合でも、安部磯雄をはじめとする本来の社会民主主義者の人たちや、鈴木文治、西尾末広、松岡駒吉といった総同盟系の人たちが大衆党から離れていく。そして、結局は戦後の日本社会党の創立はそういう人たちによって担われていくという点では、必ずしも一色ではないと思います。ただ大勢としてはまさしくそうで、マルクス主義に接近した部分ほど大政翼賛会のほうに行ってしまうような有様でした。

三谷　西尾や松岡は、吉野の影響を非常に大きく受けた労働運動のリーダーです。戦後の片山内閣の有力メンバーは、片山以下、西尾にせよ鈴木義男にせよ、吉野の影響下にあった人達です。松岡も衆議院議長になります。いわば吉野の影響によってつくられた内閣でしょうね。

吉野作造の思想と行動

松尾 吉野の場合、資本主義に反対するあらゆる要素を結集して単一の無産政党をつくれという山川均の理論に対しては真っ向から反対でした。主義主張のちがう複数の政党がある政治問題で統一戦線を組んだらよいという発想です。

内大臣の重職にあった牧野伸顕の満州事変当時の一九三一年一二月六日の日記に拠りますと、先頃まで総同盟会長だった鈴木文治が牧野のところにやってきて、最近、社民党が参謀本部の支那課長の重藤千秋とその部下の影佐禎昭を呼んできて、大いに軍部の主張を展開させたという情報を提供するのです。社民党の赤松克麿ら国家社会主義派と満州事変を計画した関東軍参謀とつながる重藤や影佐との関係が具体的に出ている点で興味深いのですが、これに対して堺利彦や吉野といった「先輩」たちは批判的であるということも同時に牧野に対して報告しているのです。

三谷 吉野の名前も出ているんですか？

松尾 ええ、私もびっくりしましてね。堺は元共産党の大幹部で、当時は労農大衆党の反戦委員会の委員長です。吉野と堺とが具体的に何か関係があったとは思えませんが、この二人が立っている位置が軍部と結びつく一部の無産勢力に明らかに反対だった点で、一致していたわけですね。

吉野の場合、一九一八年に原敬内閣ができたあと、その年の終わりに黎明会という有名な知識人グループをつくりますが、背後で画策したのは堺でした。ただ直接黎明会に入ろうと試みた堺を、吉野たちは拒否するのです。あくまでもマルクス派社会主義者とは一線を画するということです。

一九二〇年に社会主義同盟ができたとき、吉野は興味は示すけれども参加しない。ところが、その別働隊ともいうべき、コスモ倶楽部というものができると――これは社会主義運動あるいは民族独立運動に関係している東京の朝鮮人、中国人と日本人を組織したものですが――、そこでは堺が最初から相談にのっていますし、堺とやがて対立することになる大杉栄や伊藤野枝や石川三四郎などまで関係する。そして警察の記録では会員の名前に吉野が出てくるのです。名簿が残っていませんから正式の会員だったかどうかははっきりしませんが。その会合場所に学士会館を使うとき、吉野が名前を貸し、仮事務所は吉野が理事長をしている東大のＹＭＣＡ（キリスト教青年会）の会館のなかに置かれるのです。

吉野と中国や朝鮮のナショナリストとの関係は、第一次世界大戦下に始まっており、吉野は三・一運動や五・四運動には公然と共感の意を表明し一九二〇年には五・四運動で指導的な役割を演じた北京大学の学生五人を招いて、日本人の知識人と交流させています。中国や朝鮮のナショナリストとの友好をはかるという問題については、吉野は堺とは協力するという姿勢です。

堺と吉野との関係は、共産党が成立してから絶縁状態になりますが、堺が共産党から離れて合法無産政党のほうに入ると、また復活します。堺が東京の市会議員になりますと、一九二九年、東京でガス料金の値下げ運動という市民運動が起こりまして、堺は市会議員内部の有志や市川房枝などの婦人運動家とともに、ガス料金供託同盟という組織をつくります。市川の婦選獲得同盟が出していた『婦選』という機関紙を見ますとかなり大きな広告が載っていて、それに「代表　法学博士吉野作造」という名前が大きく出ているのです。これは吉野の日記や、伝記などにはまったく出てこない話で、実際どの程度関係していたのかは分かりません。私は、堺が重要な役割を果たしていることを承知の上で、吉野は代表として名前を出すことを了承したのではなかろうかと推測しています。吉野には、主義主張が違っていても、提携すべきことでは喜んで手を貸すというところがあったと思います。

三谷　先ほどお話のあった一九三二年の社会大衆党の結成は、吉野がイニシアティブをとったもので、実際には予期したような効果はあげられなかったかもしれないけれども、満州事変の軍事行動に国内において抵抗する組織をつくるという意図をもった非常に意味のある行動だったと思います。そういう意味でやはり吉野はスケールの大きい戦略家です。そういえば、戦後、岸信介などとつながっていた矢次一夫なども当時、吉野の信奉者の一人として、社会大衆党などの組織にも関係したんじゃないかな。

松尾　吉野の没後、赤松が『故吉野博士を語る』（中央公論社、一九三四年）という追悼文集を出すのですが、そのなかの矢次の文章を読みますと、吉野は第三勢力をつくる構想を矢次たちといっしょに持っていたということを書いているのです。矢次のいう第三勢力というのは軍部と結ぶ第三勢力というふうにしか理解できないのですが、吉野の日記と照らし合わせてみますと、吉野は社会大衆党の別働隊を意図して矢次なんかと水曜会という名前のグループをつくっています。矢次の思惑と食い違っている。

そのあと矢次は木曜倶楽部という名前で水曜会を再組織して、また吉野を担ぐのですが、出てくる顔ぶれがのちの国策研究会につながっていくような人たちで、結局吉野はあまり乗り気でない。そのうちに病気になって亡くなってしまい、矢次との関係が物理的に切れてしまう。それまで矢次との関係が切れなかったのは、解釈のしようによっては国策研究会的なものに吉野が惹かれていたようでもある。しかし、いまの私の見解では、矢次が追悼文のなかで吉野を同志扱いに書いているのは、自分たちの行動を合理づけるための矢次の創作ではあるまいか、ということです。

三谷 当時の矢次が戦後の矢次とは考え方を異にしていたとも考えられます。当時はいわゆる右翼というような存在ではまったくなくて、吉野を非常に信奉していたことは確かだと思います。吉野は大戦略家であると同時に、自分自身の原則を持った出処進退の非常にはっきりした人でしたから、矢次などにも尊敬されたんですね。

松尾 笹川良一も若いころ大阪にいて、吉野を非常に尊敬していたようですね。

赤松のような、共産主義運動に身を投じて社会民主主義のほうへ行き、さらに国家社会主義に傾斜して軍部と結ぶという行動には、第一次世界大戦後に出てきた世代の青年マルキストにありがちな、今日では理解しがたい権力欲があったのかもしれません。普通選挙をやってみたら無産政党はたった八人で、選挙を重ねるごとに数はむしろ減っていき、いつになったら理想が実現できるのかと焦ってきて、いっそ同じ現状打破をもくろんでいる軍人たちと結びついたほうが近道ではあるまいかと考えるようになった。

三谷 そうかもしれないですね。吉野は何といってもやはり政治によって正義が実現されなければならないという信念が強かったと思うのですが、赤松などのかつてマルクス主義の洗礼を受けた世代の場合には、権力をいかにして獲得するかという面から政治を考えるという点で、吉野との政治観のちがいがあったと思います。

松尾　ただ赤松は娘婿という可愛さと遠慮が一面においてあって、吉野の日記を見ても、表立って彼を戒めるような記述は窺えません。

三谷　ただ、社会大衆党をつくる段階で、はっきりと一線を画して赤松一派を切り捨てますよ。私は吉野の日記を読んでやはり偉いなと思うのはそういうところなんです。大正末期あたりは、いまさら民本主義なんて思想としてはもう時代遅れだ、吉野は旧い人間だと見られている。しかし、旧いと見られていた彼が旧い立場で一貫してやったことというのは、いわゆる新しい人のやったことと比べると後世への影響においてぜんぜん違う。同じあの時代の人間の中で、吉野は人間的にも政治的にも際立った存在だったと私は思います。

――第二次世界大戦開戦の過程は、明治憲法体制そのものがだんだん崩れて、軍をコントロールできなくなってきたということから始まったというのが、三谷さんの見解ですが。（編集部）

三谷　一九三〇年代から敗戦にいたる過程は、第一次大戦の戦後体制が解体し、それに伴って明治憲法体制それ自身も解体していったというのが私の解釈です。政党制とともに立憲制が解体していったと私は見ます。たしかにナチズムとかファシズムとか、場合によってはスターリニズムは、日本の当時の反体制の動きに刺激を与えたけれども、そういうものが大きな役割を果したというふうには理解できない。その間の日本を「ファシズム」というような言葉で簡単に括ることはできないのではないかと思っているのです。

松尾 では何と呼んだら適切なんだろう？

三谷 私は体制の解体だという見方です。だから、既成の体制に代わるポジティブな選択肢が出てきて、それが非常に力を得たということではないと思います。

松尾 軍部独裁ではない？

三谷 私は軍部のポジティブな政治的役割をそれほど評価しないのです。日本の軍部は体制全体を統合する主体とはそもそもなりえない本質的な限界をもっていた。「統帥権の独立」のイデオロギーは本来権力分立のイデオロギーであって、「司法権の独立」と同質のイデオロギーだという考えです。だからそこには超えられない限界がある。もちろんそれを論拠として軍部が政治的な影響力を拡大していったことはたしかですが、藩閥や政党に相当する政治的な主体だとは思いません。いわゆる「軍部独裁」とは、独裁者なき「独裁」だったと思います。丸山眞男先生のいう「無責任の体系」がもたらした「独裁」（市民的自由を極限にまで縮小した状態）がそれだったのではないでしょうか。

――解体過程で制御不能になりいろいろなものが崩れていく。そのときに立て直す勢力や機能はなかったのでしょうか？（編集部）

三谷 体制のイノベーションを行う勢力は出てきませんでした。吉野の構想した第三勢力としての社会大衆党は、体制のイノベーションを行う勢力としては大きな存在にはなりえなかったけれども、そういうものを組織化しようとした吉野の着眼点はさすがだなと思うのです。ああいう組織ができたことが、戦後の政治を見てみれば大きい意味をもっているのであり、ともかくその一部が少数派として既成政党のなかの鳩山(一郎)系のグループなどとともに生き残ったということは、敗戦後の政治を立て直していく上では重要だったと思います。戦後の政党政治の中心を担う勢力になりましたから。同様に、吉田茂も戦前の政党政治のなかにいたわけではないけれども、戦前・戦中は少数派で一貫し、生き残ったわけです。いかなる政治社会もそれが存続していくためには、少数派が必要です。少数派が壊滅すれば、その政治社会は前途を失います。明治憲法体制が崩壊したのは、少数派、つまりオポジションが一九三〇年代から四〇年代にかけて窒息状態に陥ったからです。そのような状態の下で体制のイノベーションはありえません。

アメリカのアジア地域主義構想と戦後日本

――第二次世界大戦後、戦後デモクラシーの時期があり、冷戦の時期があり、冷戦が終わった冷戦後の時代を、デモクラシーの観点からどう見たらいいのでしょうか?(編集部)

三谷　戦後の民主主義は三段階に分かれると思います。第一は、アメリカの占領政策が転換する一九四八年頃までの敗戦後民主主義の段階。第二は冷戦下民主主義。第三はここ一〇年間の冷戦後民主主義です。

第二から第三への変化は、何といっても経済的な状況の変化が大きいと思います。八〇年代の日本経済の繁栄によって日本的経済システムが礼賛され、バブルは冷戦下の経済の最後の異常なピークでした。それが九〇年代の経済停滞で一挙に日本的経済システムへの批判が叫ばれる状況へと大きく転換していく。なぜ冷戦後の政治にとって経済的要因の変化が重要かというと、日本の場合、冷戦下民主主義の政治的な安定は経済成長に依存する度合いが大きかったからだと思います。日本が冷戦を生き延びるためには、冷戦をめぐるいろいろな政治的・イデオロギー的な対立を超えて国家の目標として経済成長を最優先する以外にない、さもなければ国内の政治的安定は得られないという基本的なコンセンサスが定着していたのではないか。冷戦下の日本は人的・物的両面の資源の大部分を経済に投入し、経済成長を推進する組織的な枠組みとして、政府与党・官僚機構・業界の密接な協調体制、いわゆる政官業複合体が成立し、場合によってはそこに野党や労働組合も組み込まれます。これを、資本・労働の巨大組織を経済政策の決定・執行に参与させる政労資協調体制、即ち「ネオコーポラティズム」の概念でとらえた政治学者もいました。

冷戦下の経済成長を促進した大きな要因は、じつはどうも冷戦そのものであったのではないでしょうか。なぜ日本の冷戦体制において経済的要因が重要となったのかというと、一九四八年頃からのアメリカの対日占領政策の転換が行われた際に、米国務省政策企画部長で特使として日本に派遣されたジョージ・ケナンが唱えた世界的な冷戦戦略である対ソ封じ込め政策そのものによるのではないか。つまり、それはアメリカの安全を保障するために、資本主義諸国の活力を再生させて、ヨーロッパとアジアにおける力の均衡を回復することによって、ソ連の膨張を封じ込めなければならないという考えです。そこでケナンはヨーロッパにおけるドイツ、アジアにおける日本の復興が最重要であると考え、日独両国が復興すれば、アメリカがソ連との対決によって負わなければならない封じ込めの長期的なコストは軽減されるということを予想したと思います。

ケナンとほぼ同時に訪日した米陸軍次官のウィリアム・ドレイパー（もとディロン・リード商会という金融機関の副社長）が率いる経済使節団は、ケナンとの協力によるイニシアティブによって、従来GHQによって主導された占領政策、つまり非軍事化・民主化に重点をおいたものから、経済再建に重点をおいたものへ転換を図ります。そこでケナンは、公職追放、賠償請求、あるいは経済力集中排除といった一連の戦後改革といわれた諸政策の再検討を主張して、すべての政策について日本の経済復興に適合しうるものを優先するように路線を変えていく。そして、吉田茂首相は、輸出志向型経済による日本経済の自立をめざすことになります。

その際に、軍事的な条件として沖縄をふくむ太平洋諸島に張りめぐらされた基地網を重視し、それを堅持することが日本の経済復興を保障する条件とされます。したがって、日本の経済成長は沖縄基地の存在と密接不可分に結びついていた。沖縄基地が日本の経済復興のための対外的安全を守る楯とされ、その意味で一九六〇年代以降の日本の経済成長は冷戦の所産だったと言いうるのです。また、対日占領政策の推進者たちは、日本国内で経済復興が行われ、アメリカの沖縄をふくむ太平洋諸島にそった基地網が維持されるかぎり、ソ連の対日進攻は可能性が低いと見て、日本本土には大規模な軍事力は必要ないと考えていた。吉田の軽武装路線はそういう理由から成り立ちえたのではないかと思われます。この新しい政策の方向づけは、一九四八年末までにトルーマン大統領によって承認され、アメリカ政府は一九四九年二月、当時デトロイト銀行の頭取であったジョセフ・ドッジを特使として日本に派遣して、日本の経済再建を実現するための政策の実行に当たらせることになりました。

経済再建を最優先する占領政策として浮上してきたのが、日本を経済の中心とするアジア地域主義構想でした。その構想はドレイパー周辺から出てきて国務省との合意事項となって大統領の了解を得たものだと思われますが、日本の経済復興は、日本単独ではなく日本をアジアの地域経済の工業的中枢たらしめることによってはじめて可能であるという考え方です。そこで輸出志向型経済によって日本の経済再建を図るという以上、原料の輸入コストをできるだけ低くしなければならない。そのためにドル地域からの原料の輸入ではなくて、非ドル地域からの原料の輸入を図る。そして、非ドル地域であるアジア地域を原料の輸入市場にするとともに日本の主要な輸出市場とする。これによって日本の輸出志向型経済は確立し、共産化された地域を除くアジア地域を共産化から保全することができるようになる。つまり、日本の経済復興は、日本だけではなくて非共産アジア地域にとっての安全保障を意味するという認識がこのアジア地域主義構想の基本的な動機としてあったのです。

超均衡予算や賃金物価統制を強行したいわゆるドッジ・ラインは、日本経済をそういう輸出志向型経済に再編するための政策で、当時の第三次吉田内閣、とくに大蔵大臣の池田勇人はドッジ・ラインの実施に非常に大きな役割を果たして対米信用をかちとります。それが逆に一九六〇年代初頭の経済成長政策を演出した池田の政治的な資産として重要だったと思います。

さらにこの冷戦体制下の経済的要因を重要たらしめたものは、一九六〇年の安保改定によって挿入された安保の経済同盟的な規定です。私はこれが一九六〇年の安保改定でいちばん重要だったのではないかと見ておりまして、日本政府もアメリカ政府も安保の軍事同盟的な側面を強めることに対する激しい日本国内の反対運動に直面して、経済同盟的な側面の強化を行うために、改定によって新たに安保条約第二条のいわゆる経済条項を挿入したわけです。この背景的要因の一つは日本側にあり、安保改定は安保の軍事同盟化に通ずるという反対論が非常に強かったことに対抗して、政府与党にとっても安保の非軍事的な側面を強調する必要がありました。

安保改定後は駐日大使としてエドウィン・ライシャワーが着任したわけですが、日本専門家が駐日大使に任命されたことは戦前もその後もない、まさに空前絶後の異例の人事だったのです。安保改定反対運動の高揚がアメリカ政府に与えた衝撃がいかに大きかったかということを物語っています。こういう安保改定によって挿入された経済条項を前提として、池田内閣の下での高度経済成長が始まったといえるでしょう。

非組織化の時代のデモクラシー

三谷　このように、冷戦下の日本の経済成長はアメリカの冷戦戦略によって助長促進された面が非常に大きく、それが日本における冷戦体制の主力である自民党の一党優位を支えたのです。逆にいえば、冷戦の終焉による第一の変化として、経済の停滞と不況が自民党の一党優位を動揺させ、第二の変化としては、自民党一党優位の基盤としての政官業複合体の解体がいまや進行しつつある。

この冷戦の終焉にともなって、冷戦戦略としてアメリカによって友好国の経済成長が重視される時代はおそらく終わった。日米経済関係は協調関係から競争関係に変わる。アメリカは日本の輸出力を抑えて輸入の拡大を求め、グローバル・スタンダードによる市場経済の確立と経済自由化を求める。そこで安保の経済条項はもはや冷戦下でもったような特別な意味はもたなくなる。

じつはこういう動きは、すでに一九七〇年代初頭の米中冷戦の緩和、繊維製品をめぐる日米貿易摩擦の増大としてあらわれてきていたのです。一九七一年八月のドルの金兌換停止措置によって冷戦経済の下での輸出志向型経済を支えてきた一ドル三六〇円の固定レートが崩れて、変動相場制に移行する。アメリカの日本に対する経済自由化の要求が、国内産業保護政策だけに向けられるのではなくて、それを生みだす政治経済構造、とくにその中枢部分である政官業複合体の改革にまで及び始めた。ですから、日米間の貿易問題をめぐる折衝は日米構造協議というかたちをとり始めたのです。

そういう状況の変化にともなって、多くの日本の業界ではグローバルな市場経済への適応の努力が行われて、従来グローバルな市場経済の圧力を極力遮断することによって培養維持されてきた自民党族議員および官僚機構の業界に対する影響力が相対的に低下し始める。また、自民党を支えてきた政官業複合体への依存度の高い、建設業界・農林水産業界・銀行業界といった業界が弱体化し始める。こうして政官業複合体は全体として縮小傾向をたどっています。

それにともなって、市場経済に適合した新しい政治経済構造を模索するさまざまな制度改革の試みが行われていて、選挙制度改革、行政改革、金融改革、地方分権改革、それから司法改革もその一環だと思います。また、こういった制度改革と並んで教育改革が唱えられ、国旗・国歌法が制定され、教育基本法の改正が検討されています。この教育改革は、グローバリズムの浸透に対する一種の補償・補正機能を果たす効果が期待されていると思われます。

そういった政官業複合体の縮小傾向にともなって、それから離脱した選挙民、あるいは本来そういう政官業複合体に属していない選挙民がいて、それが無党派層の増大をもたらし、ついに選挙民の五〇%前後を占めるまでにいたった。彼らは政府や与党、野党にさえも意見や利益がとり上げられない、彼らの意見や利益自体が政策の課題とならないと考えている選挙民だと思います。こういう無党派層の増大は、自民党に見合う存在だった日本社会党の崩壊によるところも少なくないと私は考えます。(二〇〇一年)現在の小泉政権は、ある程度無党派層に支えられていると思いますが、小泉政権が本来の自民党政権の性格をとり戻していくにしたがって、無党派層は小泉政権から離れていくと思います。無党派層の増大は、たんなる政治現象というよりは現在の日本におけるあらゆる分野での組織一般の相対的弱体化のあらわれではないかと感じています。

私が学生のころ、即ち経済成長が始まろうとしていた一九五〇年代末の岸信介内閣の時期でしたが、当時は「組織化の時代」と言われました。石田雄先生は、当時『中央公論』(一九五七年一〇月号)に「『戦後は終った』ということの意味」という論文(後に『戦後日本の政治体制』未来社、一九六一年所収)を書き、「戦後」が終わっていまや社会の組織化の時代が始まったと書いていらっしゃいます。当時は業界団体が簇生、群生し、しだいに政界との接触を始め、「圧力団体」といったような従来は政治学者の間で使われていた用語が一般化してきたのです。一九五七年に中小企業団体組織法が成立したことに象徴されるように、いまから考えてみると、どうもその時期は、まさにいま解体傾向にある政官業複合体が形成されつつあった時期だったのでしょうね。

ところが、いまやこの政官業複合体が縮小傾向にあって、かつての一九五〇年代末の「組織化の時代」とは逆に「非組織化の時代」が訪れつつあるのではないでしょうか。とくに冷戦後、企業の機能が非常に縮小してきました。これまでは企業を拠点とするいわゆる日本文化の特色をあらわす表現として「集団主義」ということばが使われましたが、まさにこの「集団主義」的傾向が今や相対的に弱体化してきている。さらに、政官業複合体の弱体化によって、企業や業界団体、官庁、自治体をスポンサーとする自民党の組織選挙、つまり資金・投票両面での組織選挙の困難度が増大してくる。そこで、こんど(二〇〇一年)の参議院の選挙には比例区選挙に非拘束名簿式比例代表制が導入されざるをえなくなったのでしょう。

無党派層の台頭にともなって変化が見られるのは、選挙民の利益要求の方式の変化だと思います。従来は、政官業複合体を代弁する族議員を通しての陳情型方式が主流であって、それは現在も変わりはないかもしれませんが、それと併せて、直接的な住民投票型方式が利益要求の方式として新たに出てきたということは、やはり非常に大きな状況の変化だと思います。これもまた「非組織化の時代」の特徴でしょう。こういう直接民主主義的な方式に対して、代表制民主主義に抵触するという批判がありますが、こうした方式が出てきたことにはやはり必然性があるので、間接民主制が十分に機能していない現実を反映していると思います。

状況の第三の変化として外交とそれに見合う安全保障体制の変化があります。冷戦下の安全保障体制は、日米安保条約とともに、それが機能するためにも憲法第九条が非常に大きな役割を果たしていたと思います。これまでは日本の軍事的役割として、憲法第九条がありますから個別的自衛権の範囲を超えられなかったわけですが、アメリカは個別的自衛権の範囲を超えた日本の軍事的役割を東アジアにおいて期待します。そこで冷戦後の安全保障体制の選択肢として唱えられるのは、第一に個別的自衛権を前提とした第九条と安保との結びつきの分離・解消であり、憲法改正をともなう（あるいは解釈による）集団的自衛権の合憲化、安保の軍事同盟化という選択肢です。第二に、九条・安保体制を維持しながら安保自身を多国間条約の方向に変えていくという、二国間安全保障体制から地域的多国間安全保障体制への転換です。そこにはアメリカ以外の諸国との安保条約の締結、もしくは、最近、一部の論者が唱えている日米安保条約に代わる日米友好条約の締結なども含まれます。

松尾　たいへん興味深いお話ですが、無党派層の増大と社会党の没落とが関係しているとのご指摘については、労働組合の崩壊が大きな要因としてあるのではないでしょうか。

三谷　おっしゃるとおりです。

松尾　それは、結局、小選挙区制のもたらしたものですか？

三谷　小選挙区制もあるかもしれませんが、政党によっても代表されない、労働組合からも疎外される、そういう選挙民が非常に増えてきている現象は、他の要因もあるのではないかと思います。

労働組合の没落というのは、即、企業組織それ自体の弱体化によるものだと思います。戦後日本の労働組合は企業別組合ですから、結局、企業と運命をともにする労資の共同体というものが根幹としてあって、その労資共同体が崩れてきた状況に日本の労働組合は対応しえていないと思うのです。経営も同様に、戦時経済体制の下で、一種の経営と労働との共同体秩序がつくられてきて、それが戦後の企業にも引き継がれ、日本経済の明確な単位として機能してきたと思うのですが、それが崩れてきたのです。

――そうした状況が、いまのデモクラシーにどういう影響をもたらすのでしょうか？（編集部）

三谷　首相公選論を見ても、強力なナショナルリーダーを養成すべきだという議論がありますが、そういうものが生まれてくる母胎・基盤がないと思うのです。私は冷戦後のデモクラシーにおいて最大の懸案は、リーダーよりもディモス（demos）、人民のほうだと思うのです。デモクラシーを支えるのはディモス、それもアクティブ・ディモス（能動的人民）であって、それは単に自分自身とか自分の家族とかの利益だけを考えるディモスではなくて、個人や家族の利益を超えた目的をもつ、公共観念をもったディモスのことです。そういうディモスが出てこなければデモクラシーは支えられない。今の日本のデモクラシーにはそれがいちばん欠けているのではないか。

これまで論議されてきた司法改革において市民の司法参加を制度化するということが問題になっています。私はかねてから陪審制論者でして、日本の政党制のサブシステムとしての、政治制度としての陪審制を重視しているのです。トクヴィルの『アメリカにおける民主制』を読みますと、彼が一八三〇年代初頭のアメリカへ行って最も着目したのは、アメリカの陪審制が政治制度として機能していることでした。

こんどの司法改革が、陪審制というかたちで実現するという期待はそれほど持てないけれども、もし何らかの形で市民の司法参加が制度化されるとしたら、それは単なる司法改革を超えて政治改革としての意味をもつと思うのです。それが長期的に見てアクティブ・ディモス（能動的人民）を生みだす要因の一つになるのではないか。日本の政治学者は司法過程はあまり政治過程と関係がないということから、選挙制度改革の方に関心を持ちますが、私は選挙法改正よりは陪審制のほうが政治的にむしろ重要だと思いますし、それが日本のデモクラシーの質を高めていくまっとうな方法だと思います。冷戦後の日本のデモクラシーは「非組織化の時代」のデモクラシーであって、それに見合う安定化要因（二〇〇〇年代の「民主的社会状態」にふさわしい「民主的制度」）が必要だと思います。

松尾　いまの日本に必要なのは公共観念をもった能動的な人民だというご意見にはまったく同感です。昨今の小泉人気を見ていると、満州事変勃発当時の国民の熱狂ぶりを思い出させて、おそろしい感じがする。規制緩和だとか聖域なき構造改革だとか、時代の閉塞感を打ち破るような景気の良い掛声をかけていますが、その政治的中身は、憲法改悪であり、靖国神社参拝でしょう。教育勅語に「一旦緩急アレハ義勇公ニ奉シ」とあったが、いまはアメリカに攻撃が加えられたならば、アメリカにご奉公できる体制をつくりあげる、ということではないでしょうか。

「オ国ノタメニ戦ツタ兵隊サンヨ有難ウ」という戦時下の歌詞があったが、小泉首相の靖国参拝はそういう趣旨でしょう。お国のために戦った兵士たちが、どれだけ近隣諸国に迷惑をかけたか、またそう仕向けたのは誰かということが意識から抜けている。小泉首相の歴史感覚は、「新しい歴史教科書」の執筆グループと共通しているのではないでしょうか。

検定前の「新しい歴史教科書」を読んだが、日本の近代化にともなった大陸侵略を正当化した国益中心主義むき出しのひどいものです。検定によって大分妥協して緩和された表現となっているが、本音は変わりない。こういう教科書が知識人の一部にも支持され、各地でも採用の動きが出ているのだから、韓国や中国から抗議が来るのは当然でしょう。政府がいくら日本の姿勢は一九九四年の村山首相の「我が国の侵略行為や植民地支配」に対し、「深い反省の気持ちに立つ」、という談話のとおりだと弁明しても納得してもらえない。彼らは政府の口先よりも国民の歴史意識のあり方を問題としているのです。

私は二年前、学習指導要領改訂のとき、ある中学校の校長先生から「これからは教科書で教えるのではなく、教科書を教える」のだ、と聞かされ、愕然《がくぜん》としたことがある。これまでは教員が、教科書を材料として、自由に授業できたのが、これからは教科書の内容から外れるようなことを教えてはならなくなったということです。こういう状況にあって、「新しい歴史教科書」の出現は、国民の歴史意識にとっての大問題です。「新しい歴史教科書」の支持者たちは中国・韓国からの批判を「内政干渉」だと非難しているが、人を傷つけた加害者がその事実を忘れても、傷つけられた被害者は、そう簡単には忘れられない。加害者はもう時効だといいたいでしょうが、歴史にはそう簡単に時効はきかない。

昨年（二〇〇〇年）はジョン・ダワーの『敗北を抱きしめて』が、今年（二〇〇一年）はハーバート・

ビックスの『裕仁と近代日本の形成』(邦題『昭和天皇』)が、ピューリッツァー賞を受けました。かれらはかつてのベトナム反戦運動に加わったアメリカのアジア研究者集団CCAS(Committee of Concerned Asian Scholars)の主要メンバーです。とくにビックスはアメリカの大学で教えていたのに追い出されたことがある。天皇の戦争責任をあえて問わなかったアメリカの占領政策を批判したこの二冊の本が、連続して受賞したことは、アメリカでも日本国民の歴史意識を注視していることの現れではないでしょうか。

私は日本の現代を拘束する二つの国際的とりきめを念頭に置いています。一つはポツダム宣言です。「日本国国民を欺瞞し之をして世界征服の挙に出づるの過誤を犯さしめたる者の権力及勢力は、永久に除去せられざるべからず」「日本国政府は、日本国国民の間に於ける民主主義的傾向の復活強化に対する一切の障礙《しょうがい》を除去すべし、言論、宗教及思想の自由並に基本的人権の尊重は確立せらるべし」。日本はこの項をふくむポツダム宣言を無条件で受諾することによって、はじめて壊滅から免れたのです。日本国憲法はこの国際的約束にもとづいて成立したことを記憶にとどめる必要がある。

もう一つはサンフランシスコ講和条約です。第一四条では「日本国は、戦争中に生じさせた損害及び苦痛に対して、連合国に賠償を支払うべきことが承認される。しかし」、「完全な賠償」を行えば日本は経済的に存立できない、として一部の国への役務賠償を除き、連合国の賠償請求権を放棄しています。世界第二の経済大国としての地位を保っていられるのも、もとはといえば、この条文のためです。とくに中国が、十五年戦争最大の被害国であるにもかかわらず、放棄してくれたことは、忘れてはならない。

ところが日本は借りのあることはすっかり忘れて、援助してやっているという態度です。たしかに戦後の日本の民主化と経済成長は日本が誇ってよいものですが、それが先の国際的約束のもとに可能であったことを忘れてはならない。三谷さんの強調される現代日本のデモクラシーに必要な「公共観念」の中に、明確な歴史認識をふくませたいと思います。

（司会・『世界』編集部・岡本厚、馬場公彦）

Ⅱ　政治と経済の間で

1 戦争・戦後と学者

対談者 脇村 義太郎

はじめに

脇村義太郎先生は、戦後日本経済にとって、その指針としての役割を果たした有力なアドヴァイザーの一人であった。とくに日本が石油を主要なエネルギー源とし、海運を輸送手段として、敗戦直後には誰も想像しなかった未曽有の高度経済成長を遂げたのは、すでに戦前・戦中期に蓄積された先生のエネルギー問題（とくに石油問題）および海運問題についての卓越した知見とそれに基づく政策的提言に負うところが少なくなかったといえるであろう。

先生は日中戦争勃発後の昭和一三（一九三八）年、国家が次第にその「理性」を失っていった時期に全く理由なく国家によって自由を奪われ、大学を追われた。先生は一年六ヵ月にわたって囹圄《れいご》の人となり、それからさらに第一・第二審の無罪判決を経て無罪が確定するまでに五年の歳月を要した。しかも無罪確定後も大学は休職中の先生に対して復職を認めず、あまつさえ辞職を勧告した。それはまさに狂気が国家を支配した時代であった。

しかし狂気にとらえられた国家といえども、そしてその中枢にあった軍部といえども、石油問題についての先生の知見を国家にとって有用かつ必要なものと認めないわけにはいかなかった。先生と立場を同じくする自由主義者であった清沢洌《きよし》は、太平洋戦争中その日記の中で「石油問題につき、この人ほど権威的な研究者はない。日本を除く世界の事情を、手にとるように研究調査している」と書いているが、その点の認識は、実は当時の国家も同じであった。表口から先生を追放した国家は、その損失の大きさを知り、ひそかに裏口から先生を招じ入れざるをえなかったのである。国家はその不明を恥じるべきであった。

国家の暴に対して、先生はそれに酬いるに何倍もの利をもってした。戦争下の先生は国家によって告発されながら（そして裁判を通して国家と闘いながら）、あえて国家による人造石油生産に貢献した。今日もなお先生が追究してやまない「戦争と学者」というテーマは、戦争下のご自身の生活体験とその省察に深く根ざしたものであろう。また敗戦後は、先生は一九一〇年代初頭のスタンダード・オイルに対する米国政府の反トラスト政策やスタンダード・オイルのそれへの対応の研究によって、米国のいう「財閥解体」の意味するものをもっとも正確にとらえることのできた日本側の数少ない一人であった。石油問題の研究を通して得られた独占問題への知見をもって、持株会社整理委員会のメンバーとして、先生は占領軍当局者とわたりあいながら、「財閥解体」の現実をもたらす主導的役割を果たした。一方で資本の集中の必然性を認めながら、しかも資本間の競争をいかにして確保するかという課題意識から導きだされたのが先生の「財閥解体」の概念であったと思われる。このような概念に基づく「財閥解体」が戦後日本経済を活性化する一つの要因となったことは、よく指摘されることである。「財閥解体」をもって始まった戦後日本経済に対する先生のアドヴァイザーとしての活動がその後石油、海運を中心としてその他の産業政策や関連分野（独禁法問題等）に及んだことについては、すでによく知られている。そしてそのようなアドヴァイザーとしての先生の積極的な活動は、先生の実務との結びつきを重んずる学問観に由来するところが大きい。ケインズが一九二〇年代にランカシャーの綿工業救済のための具体策を提言したり、また綿工業や造船業を対象とするイングランド銀行の産業金融への進出を促進したことを先生が高く評価しておられるのも、先生の学問の性格をあらわしている。

このように先生の学問は実務と深く関わり、実務に指針を与えるものであったが、しかし先生はあくまで学問および学問を含む文化の育成をご自身の第一の任務とされた。先生にとって経済はそれ自体目的ではなく、文化のための手段であり、あるいは経済もまた文化全体の中に包摂されるべきものであった。おそらく先生は戦後日本の資本主義の文化的代表者の一人であるといってもよいであろう。先生は文化としての日本資本主義の戦後五〇年を今日語ることのできるほとんど唯一の人であると思う。

（三谷太一郎）

世界経済批判会と昭和初期

一　石油と戦争

三谷　きょうは、戦前から戦中、戦後にかけて、脇村先生がお書きになったり、行動なさったりした人生の跡をたどっていただきたいと思っております。

先生が主として英国において研究を積まれ、欧米諸国を見聞してお帰りになったのが、昭和一二（一九三七）年の一〇月ですが、それから間もなく、昭和一三（一九三八）年二月一日に、いわゆる教授グループ事件、第二次人民戦線事件といわれる事件が起き、治安維持法違反容疑で先生も含めて、大内兵衛、有澤廣巳、美濃部亮吉といった先生方が検挙されるという大きな事件がございました。これはおそらく脇村先生のご生涯の上で非常に大きな転機になっているのではないかと思うのです。そこでまず、その事件についてお話をお伺いしたいと思います。その前提として、昭和初期に先生方が組織された研究会の活動にさかのぼってお聞かせ願いたいと思います。たしか、昭和三（一九二八）年ごろから、研究会のようなものを組織されたのでしたね。

脇村　三・一五事件（昭和三年三月一五日、共産党員の全国的大検挙）の後、大森（義太郎）君が東大をやめ、経済学部に残った若手助教授は私と山田盛太郎君で、有澤（廣巳）君は留学中でした。そして、あと助手が幾人かいました。私が助教授になったのは大正一五（一九二六）年の五月で、ちょうどその年の三月ころ有澤さんは留学したんです。

三谷　向坂逸郎さんは、もう赴任された後ですか。

脇村　九州帝大へ行き、留学して帰ってきておりました。有澤君がその後を追うように留学しましたが、昭和三年の八月に留学から帰ってきた。私はちょうど郷里へ帰っていて、戻ってから有澤君に会ったら、「矢内原（忠雄）先生から、留守中、経済学部に変化があった様子を聞き、大内先生にも同じようなことをいわれた。以前とは大分違うんだということを知った。さらに親友たちと会い、結局、自分は大学に引き続き残って研究をやるつもりだ」というので、私も大学に引き続き残って勉強していくから、一緒に研究会をやりましょうということになったんです。

三谷　大内先生は、その研究会には入っておられなかったわけですか。

脇村　入っていません。

三谷　では、有澤先生と脇村先生、それに美濃部亮吉さんや……。

脇村　南謹二。

三谷　法政の教授でおられましたね。そういう方々が研究会を組織されて、それが世界経済批判会になっていくわけですね。それは、主としてどういう研究をなさったのですか。

脇村　世界経済の研究をやろうということでした。当時、日本では世界経済のことは、ヴァルガの「世界経済と経済政策」という年四回の報告が、『世界経済年報』という書名でぼつぼつ翻訳され始めていたんです。さらに有澤さんは、向こうでワーゲマンの景気研究所を見てきていたもので、その報告も取り上げようじゃないかとなったんです。

三谷　現状分析ですか。

脇村　そうです。

三谷　そこで研究した成果を『中央公論』に発表された。

脇村　『中央公論』から私たちの研究を発表してくれないかということで、ヴァルガとワーゲマンの報告を一緒にして、われわれの研究も若干そこへ出して、発表するということを計画したわけなんです。ところが、ヴァルガは年四回ですし、ワーゲマンも年何回かで毎月ではないんです。で、その間をどうするかということで、その間にテーマをつくって、年二回ぐらい、世界経済の動向報告を入れようということで研究したんですが、毎月テーマを決めて研究するといっても、ひと月では、なかなかでき上がらない。

そのときのテーマは、世界経済のホットなテーマを取り上げることと、もう一つは、各国の金融資本の状況がどうなっているかを人的関係から見ていこうとしました。

三谷　脇村先生が中心になっておまとめになった「モルガンとロックフェラー――人的結合より見たるその対立」というのがありますね。

脇村　あれはアメリカですね。

三谷　当時、モルガンなんかを非常に注目しておられたわけですか。

脇村　アメリカの人的結合であれば銀行と産業との関係ですが、その上にモルガン、ロックフェラーがいるというふうに考えた。そして、あのような研究会をやると、結果をまとめるまでにどうしても半年ぐらいかかる。『中央公論』昭和六年五月号に「モルガンとロックフェラー」、それから昭和六年一二月号「人的結合を通じて見たイギリスの金融資本の解剖」、八年五月号「人的結合を通じて見たドイツ金融資本の解剖――一九三一年金融恐慌の前後」の三つを発表して、それから中国に対して各国資本がどういうふうに入ってきているか、中国のナショナル・キャピタルと外国のキャピタルとの結びつきがどうなっているかということをやりました。

三谷 モルガンの研究など、主としてどのような文献をお使いになりましたか。

脇村 モルガンの場合は、一九一一年に出た「マネートラスト」という、アメリカ政府の報告の結論を使い、また後に日銀の総裁になった新木栄吉がニューヨーク駐在中にウォール・ストリートと産業との関係を研究して報告したものがあって、それも有力な資料です。それから一九二九年以降になって、恐慌が起こった後、モルガンたちがそれに責任があるかないかということに関連してアメリカの議会で調査をやりましたから、その調査資料を利用しました。

ロックフェラーの場合は、スタートしてすぐ、彼は、トラスト、カルテルというのを考えてやり出すんです。それに対してアメリカの政府の側は、関係州や連邦の議会で独禁法をつくって、ロックフェラーの新しい手を抑える。だから、カルテル、トラストに対する独禁法の問題とロックフェラーとは、初めから関連があったのです。結局、一九一一年に、連邦最高裁で独禁法違反だからロックフェラー石油企業の組織は解体せよという命令が出ました。そのときにロックフェラーがどういうふうに解体したかということは、丹念に調べればわかるんです。

三谷 それが戦後の先生の独禁法の立法への関心につながってくるわけですね。

脇村 そうです。そして、一九二九年に恐慌が起こりましたね。いったい、何で恐慌が起こったか、恐慌を二度と起こさないようにするのにはどうしたらいいかということを連邦議会の委員会で研究したのです。

その結果、アメリカでは持株会社をつくって、企業組織がどのようになっているかわけがわからないようにしてバブルのつり上げをやったということで、根本原因の一つは持株会社にあるんだということと、さらにそれを過熱させたのは、銀行と証券会社がくっついて、巨額の預金を株式に投じたことで、銀行と証券を分けろということがいわれたのです。

三谷　一九三三（昭和八）年にアメリカ合衆国ではバンキング・アクト（銀行法）という法律ができて、それで証券業務と銀行業務が分離されますね。

脇村　もう一つ、銀行と証券を分けただけでは不十分なので、証券取引所の取引のやり方を見るために、取引所を検査する証券委員会というのをつくって、証券取引が公正に行われているかどうか監視しなくてはいかん。その制度をニューディールのもとで設けたわけですね。

ところが、一九三五（昭和一〇）年に、ニューディールのいくつかの規制が憲法違反だということになり、壊されるんです。壊された結果、三五年、三六年とアメリカの経済は、発展に転じないで、むしろ停滞した。そこで今度は、臨時経済調査委員会をつくりました。アメリカのニューディール違憲判決で規制を緩和して以後、なんでアメリカ経済は停滞したかということを、F・ルーズベルトがもういっぺん調査を始めた。その調査の結果が、一九三八、九年ごろから順次刊行されはじめました。

一九三〇年代の初め、アメリカとイギリスで「独占」というものを研究してみると、経済理論の絶対的独占から一歩進んだ、独占的競争、競争的独占というものがあるという理論がハーバードとオックスフォードで同時に唱えられました。その理論をもとにして、ルーズベルトの調査はやられているんです。つまり、絶対独占ならば従来の独禁法でいいわけだけれども、どうも独禁法で取り締まれないものが、いま現実に経済の中に出ているのではないか。それは競争的独占、独占的競争で、そこで管理価格というものが出てきている、というのが調査委員会の結論です。第二次世界大戦がちょうど始まるときに、その結論が出てきた。第二次大戦にアメリカが参加するのは、一九四一年の一二月で、その前に結論が出ていた。ところが、結論を実施しないうちにアメリカが戦争に入った。どうしてかというと、私たちは知らなかったんですが、アメリカの新聞、雑誌を読むと、ルーズベルトは、一九四二年の一月の終わりに特別教書を出して、独占問題に対する現在進行中の裁判ならびにいま準備しているいろいろなことを、戦争中はやらない、そして、アメリカの経済力を戦争のために集中して戦争遂行に努力する、独禁法の裁判や、今後とるべき独禁法は、戦争が済んでから改めてやるということをいっているんです。

三谷　脇村先生のご研究は何といっても石油の問題ですね。これも『中央公論』に発表されています（昭和六年八月号「サヴェート石油戦線――世界恐慌裡における五ヶ年計画の躍進」）。とくにソビエトの石油生産が、五ヵ年計画で非常に伸びてきたこととの影響が、日本にどう及ぶのかという観点からご研究をなさったと思うんです。それから、紡績業の研究もございますね。

脇村　第二回目、第三回目に砂糖の国際的カルテルというのをやりました。キューバとジャワとが一体となって、国際的カルテルを結んだ。一九二九年の恐慌の後の一つの対策として、国際カルテルができた。キューバの砂糖とはどういうものか、ジャワの砂糖とはどういうものか。それを、『中央公論』

で取り上げています（昭和六年三月号「糖業帝国主義」）。

三谷　当時の先生のご関心の対象はいろいろですが、とにかくカルテルとかトラストとか、独占の問題に収斂している。

脇村　一九二九年の恐慌がどうして起こったか。その起こったことに対して、ニューディールでいろいろなことをやって、いままでの独占禁止法ではいけないということになり、新しいいろいろなことをやって二度と恐慌が起こらないようにした。そのとき、一体、国際カルテルはどうなったかということです。つまり、国際カルテルを破るロシアの石油が出てきた。ロシアの石油は、国際カルテルに入っていないんです。

三谷　ソビエトの石油問題にしても、独占を問題とする観点が入っていますね。ですから、先生の独占に対するご関心は、一九三〇年代の初頭から一貫して戦後にまで及んでいる。

脇村　そうなりますね。

石油への関心

三谷　ところで、先生は昭和一〇年にヨーロッパ留学に行かれますが、その間も研究会は、メンバーのお一人の姓（阿部勇法政大学教授）をとった、いわゆる阿部事務所という形で続いたのですか。

脇村　阿部事務所は残ったんですが、研究会はほとんどやっていない。私がいなくなると、事務を担当する人がいないんですね。それより少し前、私が「この研究会は、みんなが見たら買いに来るだろう。

われわれは売ろう」、「近衛さんだって、これを見たら、感心して『これはいい』というだろう」と言い出したんです。そうしたら、それを聞きつけたのが日本窒素の野口遵《したがう》で、僕のところへ「ドイツにおける人造石油の進展の方向を研究して、毎月、報告してくれないか。金はこのくらい出す」といってきた。それから間もなく、あそこの子会社の旭化成（一九二二年に旭絹織として設立、一九三三年に旭ベンベルグ絹糸に改称、一九四六年より旭化成工業）という人絹《じんけん》をやっている会社が「私のほうは人絹工業をやっているので、海外における人絹工業の進展の状況を報告してくれ」といってきた。で、毎月、千円ぐらいずつ両方からもらい、研究報告しておった。さらに、浅利順四郎というジュネーブの国際労働機関（ILO）の人がいましたが、その人が「国際労働運動の情勢、あるいは日本の労働情勢の変化を調査して報告してくれ」と言われて、これも引き受けていました。

三谷　企業からの委託の研究という形だったわけですね。

脇村　それと、『中央公論』から定期的に発表してくれという話だったから。事務所なんかもたないで各自の家庭でやっていたけれど、家庭でやると、みんなまいっちゃうんですね。だから、どこかへ事務所をもとうというわけで、東京医師会館のなかに阿部事務所をもったんです。

三谷　淡路町の医師会館のなかにあった。建物はまだ残っていますね。（現存していない）

脇村　初めは一部屋借りて、だんだん金が入ってくるから二部屋借りた。

そのときに、「この事務所は営利を目的とする」と僕が言って皆賛成したんです。事務所は世界経済を共同研究してその成果を売る。収入を上げて、皆さんにその収入を分けるのがわれわれの目的だとね。

われわれが捕まったときに、そのことをだれかが思い出して、「おまえたちの目的は？」という質問に「営利を目的とする団体です」と答えた。近衛さんこそさすがに頼みに来なかったけれど、財界からみなこういうふうに頼まれてやってきたといったそうです。

三谷　ブレーントラストというのが、当時、非常に喧伝《けんでん》されていましたね。やはり、そういうブレーントラストのようなものを目指しておられたんでしょうか、その研究会は。

脇村　あのころアメリカのブレーントラストは、ニューディールをやろうという政治意図をもっている。われわれは政治意図は何もない。われわれの収入源を確保して、これを皆さんに配当しますということですから、違います。主義主張のためではないんだといわんばかりに、「営利を目的とする」ということを僕が一言強くいったんです。皆さんそれに賛成で、捕まったときに、現に、こういう収入があ る、といえたわけです。これでは治安維持法に引っかからないですからね。

三谷　当時から、警察とか検察が先生たちの研究会に注目していた、あるいは警戒していたという感じはありませんでしたか。

脇村　全然ないですね。

三谷　では、先生が留学からお帰りになって、それから後、情勢が非常に変化したわけですか。

脇村　帰ってきたときに情勢が変わろうとしていた。日中戦争の進展とともに、東大経済学部が二つに分かれて、内部に「革新派」ができて、いまの中国の戦争は聖戦で、侵略戦争ではないんだから、われわれはこれを支持しなくてはいけない、精神的にそれを学生に浸透させなくてはいけない、戦勝祈願に明治神宮へお参りしよう、それから、南京が落ちたら、宮城（皇居）前へ行列して、万歳、万歳といいに行こう、それを東大の経済学部としてやろうということでした。（編注・当時東大経済学部は「革新派」、すなわち土方成美教授らの一派と大内、矢内原教授らの「純理派」との対立が激化していたといわれており、それらとは別に河合栄治郎教授らの一派があった）

三谷　それでは、日中戦争が起きてから非常に大きく情勢が変わったということですね。

脇村　それまでは、大内（兵衛）さんと土方（成美）さんが手を握って経済学部をまとめていました。日中戦争の前に、土方さんは、自分だけではやっていけないというので、大内先生のところへ密かに行って、いままで対立・抗争していたのをやめて、学部のため大学のため一緒にやりましょうということで、土方教授が学部長になって、大内先生が経済学部の評議員になったんです。法学部の岡（義武）さんと私がヨーロッパにおったときに、後からヨーロッパに来た岡さんが「経済学部に産業革命が起こりましたね」と言いました。（笑）で、「産業革命」が起こったのかと思って帰ってきたら、また情勢がひっくり返って、私に近い先生から「どうだ、こういう革新運動をやっているんだが、おまえ入らんか」と、勧誘があったんです。

矢内原（忠雄）先生が「国家の理想」という論文を出したために追放されるということがあり、それをやりつつ、私にはそういう勧誘があった。

三谷　『中央公論』の九月号（昭和一二年）に発表し、全文削除されたんですね。

脇村　九月に矢内原さんは『中央公論』のためにその論文を書いて、一一月の終わり、一二月の初めに「革新派」は教授会で矢内原先生の言論活動を非難したんです。

三谷 「教授グループ事件」の場合も、やはり日中戦争の影響が非常に大きいわけですね。

脇村 私が外国に行っているときに何を研究したかというと、一つは、戦争と石油がどういう関係にあるか。次の戦争は、一体どういうふうにしたら起こるか、そのとき、石油はどうなるか、それに対して、石油のない国はどうしたらいいか、あるいは、英米はどういうふうにするつもりかということを、ずっと研究して歩いたんです。

それで、イギリスやアメリカの石油会社が、「おまえが来るなら、全部、新しい施設を見せてやる」という約束をしてくれて、私は海軍とも連絡をとって、そういう目的で行ったわけです。ほかにも勉強しましたよ。ドイツへ行って海上保険もやるし、金融資本の研究もやりましたが、主たる関心は、石油と戦争の関係というものの研究をやるので、ヨーロッパじゅうの油田がどのように開発されて、どれくらい製油所の技術が進んでいるか。向こうは、来れば全面的に見せてやるというので、旅費は自分で出して、ヨーロッパじゅうのシェルの工場を見て歩いたんです。油田も見てまわった。

そして、アメリカへ行ったら、アメリカのスタンダードは、「おまえには全面的に見せる。おまえの友人ならだれを連れてきても構わんが、海軍の軍人だけは連れてくるな」という条件で、私にいろいろなところを見せてくれました。

三谷 当時、大きな戦争、世界的な戦争が起こるということを感じておられたということですね。

脇村 それはどうしたって起こらざるをえないし、そのとき石油のない国がどういう政策をとるか、ドイツはどういう政策をとっているかという問題は最重要課題でした。

三谷　当然、日本の場合も。

脇村　日本はどうするか。人造石油以外にはないということになるわけですね。私のいない間に、日本の人造石油の国策が決定して、それを助成するために帝国燃料興業という国策会社ができました。その会社の技術担当の人と海軍の人とが来て、イギリス、ドイツの人造石油はどのぐらい進んでいるか。ドイツは、石炭液化の特許を売ってやるといって来ているが、うんと高い。海軍は、自分のほうで技術を開発したので石炭液化は大丈夫だといった。それをやれということで、満州で満鉄、朝鮮では日本窒素がやることになったわけです。

三谷　先生はそのテーマをもって、留学された。

脇村　欧米がどういうふうに人造石油をやっているか。いったい、日本の人造石油の技術でやれるかやれないか。結局、問題は、高級航空ガソリンの量と質なんです。

三谷　揮発油ですね。

脇村　航空揮発油の技術が日本になかったんですよ。その技術を向こうはどのぐらいもっているか。ドイツが開発した人造石油の特許を、ドイツ自身でうまくいかなくて、アメリカが買ったんです。アメリカはそれをイギリスと分けて、自分のところの石油の精製技術をもとにして、彼らはドイツが発明した石炭液化の技術を大量生産できるところまでもっていって、それをドイツに返した。返したと同時に、この技術を使って人造ゴムができるというところまで、アメリカは開発した技術情報を伝えたのです。

それは、ドイツが特許を譲るときに、この特許をもとにして、第二次的に開発された技術に関する情報は、ドイツへ返さなければならない、知らさなければならないという条件を入れていたものですから、アメリカは知らせたんです。ドイツは、待ってましたとばかりに、人造石油の量産だけでなく、人造ゴムの生産を始めたわけですね。

三谷　先生は留学からお帰りになって、教授グループ事件が起こる直前に、経済俱楽部で「戦争と石油」というご講演をなさった（昭和一三年一月）ということを聞いておりますが、やはり人造石油の問題などを話されたのですか。

脇村　人造石油よりも、国際連盟がどういう態度をとるだろうかという話です。つまり、イタリーの対エチオピア戦争のときには国際連盟が石油制裁やタンカー制裁をやらなかったんです。それが一つの私のテーマで、ヨーロッパを歩きましたときに、「イタリーは石油がないんだから、石油をとめればすぐまいってしまうではないですか。なんであなた方はそうしないのか」と言ったら、「イタリーは石油をもっていないが、国際連盟に入っていない国がずいぶん石油やタンカーをもっている。ロシアしかり。日本もしかり。アメリカだって連盟に入っていない。連盟に入っている国だけで、石油を運んじゃいかんとタンカー制裁をやってみたって、日本やロシアがイタリーを助けたら、しり抜けだ。いわんやアメリカは独禁法で入ってこないかもわからない。だから、やれないんだ」というのが、国際連盟側の説明でした。

三谷　聴衆はどういう人ですか。

脇村　経済倶楽部のメンバーだけです。

三谷　では、産業人。経営者。

脇村　そうです。

三谷　当時は、当然、海軍も先生の研究に非常に関心をもっていたと思うんですが、留学からお帰りになって、そういうアプローチはございませんでしたか。

脇村　それが、私は帰国後すぐ（教授グループ事件で）捕まったでしょう。私をどうしようか、どこで使うかということを決めないうちに私が捕まったので、海軍や逓信省はアプローチできなかった。それで済んだら、私のいない間に秋丸機関（編注・秋丸次朗中佐を班長とする陸軍省戦争経済研究班）ができましたね。昭和一四年の五月からのノモンハン事件の後、陸軍が、これは大変だということで一五年の一月ごろに秋丸機関をつくった。裁判中ではあるが、有澤（廣巳）君と中山（伊知郎）君を中心にして、有澤君が英米班主任、中山君が日本班主任、慶応の武村（忠雄）君が独伊班主任、国際政治班は蠟山（政道）君と委嘱されて、「世界戦争が起こったときの相手国、交戦国の経済的弱点はどこにあるか研究してくれ」と。有澤君は、「自分は裁判中で、裁判所が許可するかしないかわからないから、それは陸軍でやってくれ」というと、陸軍は「やります」と言って、一応、了解をとったんです。それが一五年の一月ごろでしょうね。

外務省からの誘い

三谷　ちょっともとに戻りますが、留学からお帰りになって、経済学部内の「革新派」からの働きかけというのがあったが、先生はそれをお断わりになった。

脇村　私が断わった理由は、「いろいろ専門分野を研究してきたから、その研究をまとめたいんだ」と。僕が旗をもって明治神宮にお参りしたって、なんてことはない。（笑）提灯行列で学生を先導してみたって大したことない。「私は静かに自分の勉強をやりますから、せっかくですがあなた方の運動には参加できません」と断わった。

三谷　そういうことが事件に影響したことはございませんか。

脇村　それはないと思います。むしろそれより、警視庁は、阿部事務所にねらいをつけて、事務所にだれが出入りしているかを調べていた。先に捕まえた労農派の大森（義太郎）、向坂（逸郎）、高橋（正雄）あたりから、事務所のメンバーはだれだれだということを確認して、そのグループを検挙しようとしたわけです。（編注・労農派＝大正一二年の第一次共産党事件以後、共産党から分かれた人々が雑誌『労農』に拠って、共産党の革命戦略を批判し、これに対立する独自の社会主義革命を主張して結成したグループ。山川均らが中心だった）

ところが、実は、私はイギリスにおるとき、東大法学部助教授（政治史）の岡（義武）さんと同じ船できた戸沢（重雄）検事と会って、いろいろな話をしているわけです。

三谷　思想検事として雷名を馳せていた戸沢検事ですね。

脇村　私が知っている高級クラブへ岡さんと戸沢さんとを連れていって、ごちそうして、話をしたんです。

三谷　それはロンドンですか。

脇村　ええ、ロンドンです。ですから、戸沢さんは、僕の考え方がどういうものかわかっていたんでしょうね。日本に帰ってきて事件が起こって、警視庁が「教授グループを捕まえます。こういう男です」、戸沢さんは「これはちょっとおかしいよ」といったらしい。

三谷　戸沢さんは、当時は、東京控訴院の検事だったですね。昭和一〇年の天皇機関説事件のときは東京地裁検事局の検事で、天皇機関説事件の主任検事でした。

脇村　美濃部（達吉）先生を取り調べて、追い詰めた。当時、美濃部先生の貴族院議員辞職の弁の、「自分は、理論的には間違っていないが、世間を騒がせたからやめます」という声明書案を長男の美濃部亮吉君が持ってきて、これでいいかと僕は見せられたんです、留学に出かける前でした。で、その戸沢さんとどういうやりとりがあったかということは、一応、美濃部（亮吉）君を通じて知っていたんです。私は、旧知の侍従次長の広幡忠隆（侯爵）さんから頼まれて、こういうときだから貴族院議員をやめて事をおさめたらどうかというのが陛下のご意向だということを、美濃部さんに伝えたんです。ところが美濃部先生は、なかなか辞職しない。

三谷　では、先生は美濃部亮吉さんを通して、美濃部達吉先生と意思の疎通があったわけですね。

脇村　美濃部達吉先生は、どうしても辞表を出さざるをえなくなり、声明書を出した。

三谷　戸沢さんは、ロンドンで脇村先生や岡先生と親しくしておられたから、教授グループ事件が起きたときも、どちらかといえば先生に同情的だった。

脇村 そのとき、ほかの人が戸沢さんから情報をとって、「脇村を捕まえても事件にならん」と戸沢さんは言ったけれど、警視庁は「教授グループだからどうしても検挙せざるをえない」となった。

三谷 先生のときの主任検事は、どういう人だったんですか。

脇村 長部（謹吾）という人がやりました。警察の取り調べの途中で、どうしても自分たちでは解決できない。妥協だが、あなたは外国へ行くまではマルクス主義支持だった。外国へ行って変わったんだから、外国以後のことは何も問わないから、以前のことだけで責任をとってくれといい出した。で、「私は生まれながらにして、資本、富を研究しているんで、貧乏なんか研究したことはない」、（笑）「世界中の富と世界中の資本とを研究するのが私の学問だ」といいました。主任検事の長部検事は、戦後最高検次長検事まで務めて、最高裁判事になりました。そして私と同時に昭和四六年に勲一等（瑞宝章）をもらいました。

三谷 先生としては、ああいう事件に巻き込まれるというのは、全然予想もされなかった事態でしょうね。

脇村 共産党がなくなったときに、次に何をやるかということになると、その外堀をやるということを考えるのは当たり前でしょうね。

三谷 では、ある程度は感じておられたわけですか。

脇村 労農派は、そのときにどうしても対象になるでしょうね。そこへ人民戦線ができて、共産党と一緒だとなった。岡先生も人民戦線運動に引かれるような時代ですからね。ところが、大森君はそうじゃない。「彼らがやったから自分らもやったんではなくて、われわれは以前から人民戦線論をやっておった。こっちが共産党を支持したのではなくて、共産党が私たちのほうに寄ってきたんだから、われわれは共産党を対象とする治安維持法とは関係ありません」。これが、大森君の理論なんです。結局、大森君の理論に、警視庁も検事もすっかり巻き込まれまして、大森君は、ついに留置所へ行かないんですよ。

三谷 しかし、先生は逮捕されて、大塚署と……。

脇村 大塚署と巣鴨拘置所とに一年半。

三谷 その間、全然外に出ないで。

脇村 出ない。保釈になって帰ってきて、外務省へ行くときには何も妨害はなかった。有澤さんは、どこかへ行くというと、いつも尾行がついていたようです。

三谷 先生は、一審、二審とも無罪になられた。一審で無罪になられた後、帝国燃料興業と外務省に嘱託として行かれた。

脇村 一審で無罪になる前ですね。「僕はこういう容疑の身分だが大丈夫ですか」といったら、外務省は裁判長に聞きに行ったらしいんです。裁判長は、「あれは自由主義者ですよ。どうぞおつかいになって結構です」といったそうです。

だけど、海軍はこわがって僕のところへ頼みに来ない。秋丸機関ができたときになって、「先生、陸軍に秋丸機関ができていろいろやっているそうですが、海軍もひとつ対抗上、何かつくらざるをえないと思いますが、だれに頼んだらいいいですか」と聞きに来ました。僕に頼むとはいわないんですよ。で、「政治は矢部（貞治）さんと岡さんの二人にお願いしなさい」、「経済学者に頼むとしたら、東大で残っているのは大河内（一男）君だけだから、大河内君に頼んで、あとしかるべき人を大河内君と相談して決めればいいでしょう」ということだけ教えた。そして、それを法学部長、経済学部長のところへ、公式にお願いに行きましたら、岡さんは断わって、矢部さんは引き受けた。大河内君が引き受けようとしたら、経済学部長が「おまえは出ちゃいかん」ととめたんです。ところが、後で矢部君が、どうしても政治だけではうまくいかない、経済のほうもいい人をとってくれないと困るというので、大河内君を経済学部から出してもらって、慶応義塾大学から永田清君をとった。

ところが、ゾルゲ事件が起こるんですよ。

三谷　昭和一六（一九四一）年の一〇月ですね。

脇村　そうしますと、政府機関や大政翼賛会その他国家機関から、治安維持法違反で判決を受けて転向した人ならびに治安維持法の刑事被告人は全部追放しろ、一掃しろというわけです。で、有澤さんに「やめろ」と東条（英機）さんがいい出しましたので有澤さんと陸軍との関係は完全に切れた。

三谷　独ソ不可侵条約ができて（昭和一四年八月）、昭和一四年から一六年の時期、とくに独ソ開戦（昭和一六年六月）までの時期の日本の政府筋や軍のソ連に対する態度は、独ソ不可侵条約ができる前と、かなり変化があったという感じがするんです。一言でいえば、対ソ緊張緩和です。それが、ゾルゲ事件が起きたことによって、再び引き締めというふうな展開になっていったのではないでしょうか。ゾルゲ事件が起きて、それまでの転向者とか治安維持法違反者に対する比較的トレラントな政府筋や軍部筋の態度が非常に変わって、有澤先生などに対しても「使わない」ということがいわれ出した。しかし、脇村先生の場合には、必要不可欠の人というふうにみられた。

脇村 ということで、外務省の省議で、外務次官と当時の通商局長が保証するといって、僕だけがたまたま例外的に終戦まで外務省に残っていたわけですね。

三谷 これは、何といっても先生の石油問題に対する知見を、軍も評価し、政府も評価したということの結果でしょうね。

脇村 そうでしょうね。だから、私には、尾行とかそういうものも全然ありませんでした。そして、いよいよ外務省が疎開することになったときに、外務省の、本体は政府とともに長野県の松代へ、経済部は群馬県の安中へ行くということになったんですが、私には、「疎開しないでくれ」という。そこで約五〇名のスタッフとともに東京に残った。でも、家を焼かれましたから、「ともかく東京へ通えるところにおります」といって、逗子から通っていたんです。昭和一九年、国民に対しても疎開を勧め始めました。児童疎開とかそういうことも始めました。

そのころ、内閣の参議になった石川一郎さんが、「化学工場と石油工場の査察をやるから、行ってくれ」というので、毎月あるいはふた月に一回、途中の人造石油の工場の査察をしながら九州まで行っておりました。

人造石油と開戦

三谷 いまおっしゃった人造石油の工場というのは、九州だけにございましたか。

脇村 九州、それから途中の宇部にもあるんです。

三谷 それは軍需省が管轄していたんですか。

脇村 そうです。

三谷 では、先生は軍需省の事務官でもあられたわけですか。

脇村 事務官ではなくて、帝国燃料興業という人造石油会社の企画部の次長に嘱託でなっていたんです。

三谷 人造石油は帝国燃料で一括してやっていた。

脇村 そうです。帝国燃料は軍需省と直結しているわけです。

三谷 人造石油の生産が本格的に始まったのは、いつごろですか。

脇村 やることを決めたのは昭和一二、三年ですね。私が外国から帰ってきたら、もう会社ができてスタートしていました。スタートしていましたが、私は、ただ話だけ聞いているうちに捕まって、一四年の八月に保釈で帰ってきたんですが、そうしたら一四年の一〇月ごろから陸軍が秋丸機関をつくり始めたんです。

人造石油関係は一四年の秋、商工省と帝国燃料とが相談した結果、だれか一人企画のできる経済に明るい人を入れたい、ついては、私が保釈で出てきたのでひとつ帝国燃料へ週に二日来てくれないかと交渉がありました。「私は保釈の身だから、司法省か裁判所の許可と、休職になっている東大の総長の許可を得ないとできません。両方の許可さえ取ってくれれば行きましょう」といったんです。昭和一五年一月に同社の嘱託となり、週二回出勤しました。

外務省のほうは、昭和一四年の一二月に、外務省へ来て人造石油の世界的な話をしてくれ、と戦時経済局に言われ、行ってその話をしたら、今後、週に二、三回外務省へ来て、いろいろ石油問題の勉強をしながら、自分たちにアドバイスしてくれないか、という話がありました。それも同じような条件で、「司法省と東大の許可が必要ですが、それでよければ外務省のほうで交渉してください。そうしたら私は嘱託で行きます」ということで、これも週二日行くということになっていたんです。

三谷 人造石油の生産は、結局どの程度に達したんですか。

脇村 年二〇〇万キロリットルまでいきたいという計画はできたんですが、実際は五、六〇万キロリットルしかできてなかったですね。

三谷 軍事的な目的には、全然役に立たなかったわけですか。

脇村 ほんのわずかしかね。

三谷 脇村先生と同じような立場で、人造石油の計画などに関係された方は、ほかにいらっしゃいますか。

脇村 東大の工学部から二、三人、その会社に入っておりました。工学部の名誉教授の大島義清先生が、東大を定年直前に辞めまして、技術担当の理事になっておりました。

三谷　経済学関係では、脇村先生お一人ですか。

脇村　ほかにいませんね。調査課がありまして、そこには外国語を読める人はいましたが、それはそこで読んで初めて勉強した人でしたね。

三谷　当時の日本に、石油問題の専門家は先生を除いては？

脇村　石油会社にはいました。

三谷　大学には、そういう問題の専門家はいなかったわけですね。

脇村　東京・京都両帝国大学では、応用化学に若い人たちが二、三人。それから地質学のほうで石油を研究している人がおりました。

三谷　脇村先生は、そういう人造石油の問題で具体的にはどういうアドバイスをなさっていたわけですか。

脇村　私が入ったとき、どんどん計画が立てられて進行しているわけです。その方法は三つあるが、「その三つの方法のどれに重点を置いているのか」といったら、「重点は置いていない。三つとも並行してやっているんだ」というので、私は黙って見ていたんです。

そうしたら、昭和一六年七月、日本が南部仏印進駐をやった。それまでアメリカは、日本に対する航空燃料の輸出と鉄屑の輸出、航空燃料をつくる技術の特許とノウハウを輸出禁止していたんです。しかし、石油そのものの輸出は禁止せずにいた。

航空ガソリンをつくる技術と、航空ガソリンそのものと機械とは売らないというだけで、日本が買いたいというだけの原油は売ってくれていたんです。ところが、七月二三日ですが、日本が南部仏印進駐を決めて動員し始めると同時に、日本に対して二五日に、アメリカの日本資産凍結をやった。そして、日本が南部仏印から撤退すれば、またわれわれはいろいろ考えるといって、日本がやめるかやめないか向こうは見ておったんですね。

資産凍結をやられたら、実際は買いに行ったって買えないんですよ。しかし石油は、日本が進駐をやめれば、まだ禁止はしない、という態度をとっておった。ところが、八月一日になって、石油輸出全面禁止をやったわけです。それでいよいよ石油は日本に入らなくなった。しかも、アメリカだけでなくて仏印方面からも入らない。イギリスとオランダがアメリカに同調して、日本に石油輸出を禁止したことがわかった。

それがわかった途端に、軍需省の人造石油を担当している榎本(隆一郎)海軍大佐(後に中将、戦後日本瓦斯化学工業をおこす)が、僕に「ちょっと来てくれ」という。行くと、「海軍大臣から諮問されてどうしたらいいか考えているんだが、ちょっと知恵が出ないからきみに来てもらったんだ」と。「何ですか」といったら、「石油を全面的にストップされた。いま石油は人造石油がちょろちょろしかできないし、国内で出る石油も少ない。樺太から二〇万トン入ってくる。それから撫順炭から取る重油が二〇万トン来てる。そのくらいのものしか来てない。そしていろいろ業者に言ったら、資材がないから増産できないんだというが、海軍大臣は、ほかの海軍の戦備充実のために割り当てられている鉄鋼資材二〇万トンを特別に人造石油用に出すから、これで一ヵ年間に新たな施設をして増産する方法はないか、どういう方法でやれば一ヵ年間に増産できるか、それを考えてくれ」というんです。

いままで日本の人造石油政策は三つの方法があって、石炭を低温乾留して重油をつくり、精製してガソリンをつくる方法。石炭をガス化して、ガス化した石炭を反応炉へ入れて、コバルトの触媒を使って合成してガソリンをつくるという三井がやった方法。いま一つは、石炭液化という方法。石炭を粉にして反応炉へ入れ、そこへモリブデンの触媒を入れて高温高圧で合成するという方法。その三つの方法を実際、日本、朝鮮、満州、樺太でやっていたんです。

そのうちいちばんいい方法だが難しいのは、石炭を直接反応炉へ入れて、水素添加をモリブデンを触媒に使って高温・高圧でやるという方法なんです。これはドイツで成功したんですが、向こうは、ドイツの特許権を売るといったのに日本は買わなかった。海軍が徳山で実験して成功したと大げさに発表し、その海軍の技術を使って、日本窒素が朝鮮で、満鉄は満州でそのいちばん進んだ技術、しかも外国の技術じゃなくて日本独特の技術でやるんだということでやっていたわけです。

私が外国にいたころ、向こうのイーゲーファルベンというドイツの化学工業のトラストがクルップと一緒にあるところまで開発したときに、その特許をアメリカとイギリスへ売ったんです。アメリカとイギリスがそれを共同で買って、イギリスはイギリス、アメリカはアメリカそれぞれ自分のところへもっていって独自に開発をやっていた。あと世界中の特許はドイツが押さえ、もう大きな工場をつくって動いている。それを日本に買わんかといってきたんですが、日本は、「海軍が独自の開発をして、あなたのところの特許とは関係なしに、秘密特許でちゃんとうまくやりましたから結構です」といって、結局は買わなかった。しかし、そのときドイツのほうがいいかどうか見たうえで考えましょうと、技師と徳山の海軍の連中と、帝国燃料の技術担当の理事の大島義清先生と四人が、ドイツとイギリスの工場視察に来たんです。

そのとき私はイギリスで会いました。工場から帰ってきた技師に、「どうだった」と聞いたら、「向こうのほうが大分進んでいる」、「大変な大じかけな工場でやっている」という。「日本でそこまでいくにはどのくらいかかりますか」と聞くと、「特許権を買わないで独自の力であれだけのものをつくろうとしたら、時間と金がかかる。ドイツでもそういう印象をもったが、イギリスを見てもやっぱりそういう印象だ」と。自分たちは、徳山の海軍の小さな実験室で実験だけしてそれで成功した。だから、海軍は秘密特許で日本独自のものを発明したといって、発明した人は勲章をもらってますが、実際はその程度だというんです。

日本は、三つの方法のうち一つ、石炭からガスにして低い温度と低い気圧でコバルトを使う方法は、三井が特許を買い、三池の石炭を向こうへ送って実験してもらい、その機械はレンガまで向こうから買い、向こうの技師を連れてきて工場を建てて実験していたんですが、私が毎月行ってみると、うまく石油が出ないんです。

なぜ出ないかというと、三池の石炭には硫黄が含まれている。ドイツの方法でやると、硫黄がないからうまくいく。しかし、どうしてもその硫黄が抜けずに難渋してるんです。もう一つ、日本はコバルトを大量に買っていないんです。買っていないうちに戦争に入ってしまった。もうどこもコバルトなんか売ってくれない。仕方ないから、日本は急遽、コバルトではなく、鉄やニッケルでもやれないかという実験を研究室でやった。また、常温常圧ではガスがそのままできますから大きな設備にしなければならない。それで温度を少し上げ、気圧も少し加えたものでやれば炉は小さくてすみますから、そういう炉でどこまでやれるかを実験して、その炉を日本で独自につくろうとしていたわけです。三井の造船所に付属している化学機械をつくる工場で実験して、それをつくりつつありましたけれども、そういう状態だったのです。

結局、低温乾留ならば、日本である程度重油は取れますから、それでやったらいいじゃないか。それにはもう一つ都合のいいことには、日本は樺太と若松と朝鮮と三ヵ所低温乾留をつくって現に動いている。ノウハウももってるから権利だけ買えばいい。権利だったら安く買えるので、朝鮮、満州で二、三〇基増設するという権利だけ買って、そのくらいは日本に製造する能力はあるから、それで増産しようということを緊急に決めてやったんです。頼まれたときに、僕がまずそういうアドバイスをした。

三谷　相当技術的なアドバイスをなさっていらっしゃったんですね。

脇村　ところが、海軍で、整備をやっている連中に、「きみが余計なことをいうから、おれのところに割り当てられた鉄を取り上げられた。けしからん」と私に文句をいった人がいました。

三谷　それは開戦直前ですか。

脇村　直前です。それが七月で、八月、九月にそれを実施することにして、すべて整って、一〇月ごろから着工し始めたんです。

三谷　やはり石油の禁輸というのがひとつのきっかけになって、人造石油生産が非常に注目され出したわけですね。あの当時、日本の石油の備蓄量は、戦争をやった場合にどれぐらいの期間耐えうるかということが問題になって、一説によると、一年分とか一年半とかいうことがいわれているわけですが。

脇村　あれは発表してなかったんですが、当時の実際の石油備蓄量は六〇〇万キロリットルだったんです。せめて一〇〇〇万キロリットルあって、タンカーが一二〇万〜一三〇万トンあれば、戦争してもしばらくは大丈夫だと。

三谷　当時、六〇〇万キロリットルで日本が戦争をやった場合に、どの程度……。

脇村　六〇〇万キロリットルであればそれで一年はもちます。一年はもちますが、そのうち南方を取って、南方から入ってくればいいんですが、そのためにはタンカーがいる。タンカーは、その当時は六〇万トンしかなかった。日本でタンカーの勉強をしておったのは、僕一人なんです。海軍にはいましたが、軍事的にどのくらいつくらなければならんとか、そんなことを考えている人はあまりいませんでした。日本の戦備計画を立てる場合は、タンカーがなければ戦争はできない。真珠湾攻撃のときには一万トンタンカーを五隻もっていっているんです。機動部隊の艦船の重油と飛行機を飛ばすための航空ガソリンは二隻に積んでいたろうと思います。機動部隊だけでは戦争ができない。タンカーもつれていかなければ動けない。そして次に、よそを占領すると、占領したところへ油をもっていかなければならない。たとえば、ラバウルに基地をつくれば、ラバウルへ油を送らなければ干上がります。だから、ふだん日本へ原油をもってくるタンカー以外に、戦争したときにはそれだけのタンカーがいる。ことに外洋に新しく占領する占領地へのタンカーがどのくらいいるかということを計算してなかったんですね。一四〇〜一五〇万トンあればいいですけど、六〇万トンぐらいしかない。戦争の前にずいぶん、「タンカーをつくれ、タンカーをつくれ」と言ったのでつくったんですけど、それでも六〇万トンぐらいしかできてない。本格的に戦争をやるならば、英米相手に戦争するならば、どのぐらいのタンカーがいるかという建造計画ができていなかった。油の備蓄は、一〇年かかってやってますから一年はもちますけれど。外地へ行って戦争をするための軍艦の油と、戦争するために兵隊を送るその油はあるんですが、基地をつくって、そこへ油を輸送するためのタンカーを計算してなかったんですね。

三谷　タンカーの生産というのも、戦争中はあまり……。

脇村　せっかく南方を取ったんだからタンカーが必要だというけれど、もうタンカーを建造する鉄がないんですね。ミッドウェー敗北後はとくにそうでした。

二　人との出会い

吉田茂の忘れ物

三谷　先生が長い生涯で遭遇された、とくに印象に残った故人の思い出で、何かお話しいただけるようなことはありませんでしょうか。吉田茂にお会いになったのは戦後でございますか。

脇村　戦争中に会ったんです。吉田さんが電車の中で自分のもっている鞄を落としたんです。忘れたんですよ。

その電車に乗っていた人が、後から東京駅で降りるときに気がついて、それをもって中を見たら、どうも変なことが書いてある。これはうっかり警察に渡したら忘れた人は迷惑するだろうと思って、その人は私の下で使っていたものだから、私の家へもってきたんです。

そして見ましたら、手紙があって、和平の話を誰それとしたから、それはどうかとか、どうするこうするという手紙と、外務省の機密のショートウェーブ（短波用ラジオ）。それからアドレスブック。アドレスブックを見ると大変な人ばかり。しかし、その当時、吉田茂という元厚生大臣がいまして、どっちかなあと思ったけど、これは外交官出身の吉田茂だと思って、吉田さんのところへ電話をかけたんです。「何か落とし物はしませんか」というと、「どうしようかと思って、大騒ぎしておったところだ」と言われる。「私はこういう者ですが、私の知ってる者が届けに来ましたから、いずれあなたの知っているところでお渡ししましょう」といったら、「君はどこかへ勤めてるのか」「私は外務省へ行ってるんですが、こういうところへおりますから、そこへだれか使いの人が来たらお渡ししましょう」「じゃあそうしてくれ」、ということでした。

三谷　昭和二〇年……？

脇村　一九年の一一月か一二月ごろです。のんきな人ですけどね。それからふた月ぐらいたってからですよ、吉田さんが憲兵に連れて行かれたのは。（吉田が逮捕・拘置されたのは一九四五年四月）

三谷　例の近衛上奏文に関与した関係ですね。

脇村　そうですね。

吉野作造・河上肇のこと

三谷　ところで、吉田茂は、吉野作造と同じ年に生まれてるんですよ。明治一一（一八七八）年。それでお伺いしますが、脇村先生は大正一〇（一九二一）年に東大の経済学部にお入りになったわけで、法学部の講義としては吉野作造先生の日本政治史をお聴きになったと伺っています。当時の吉野先生について、どういう印象でございましたか。

脇村　吉野先生の講義は、時間の都合がつかなかったんではないかと思うんですが、二、三回しか聴講していないんです。吉野先生は法学部の他の先生のように、朗々とやるという講義ではなかったという印象はもっています。

そのころ吉野先生は明治の文献をお集めになって研究なされていたときで、日本政治における「忠君愛国」というのがあるが、日本人は、本来、天皇じゃなくて国に対する忠誠だったんだと……。

三谷　天皇観念はあまり強くなかったというお話をなさったんですか。

脇村　ええ。親父が吉野先生の本をもっておったんで、中学四、五年の頃に吉野先生の名前を知りました。それは『欧州動乱史論』という本でした。親父は『中央公論』をときどき買っていましたから、それで吉野さんを知って、その本を持っておったんじゃないかと思います。

三谷　おそらく、吉野先生が日本政治史をお始めになったのは、そのころが最初じゃないかと思うんです。初めはヨーロッパ政治史をおやりになって、次に中国の政治史、それから日本の政治史ですから、脇村先生がお聴きになったのが、大学における日本の政治史の最初の講義ぐらいじゃないかと思います。河上肇先生と大学の進学先について相談されたと聞いておりますが。

脇村　河上さんが病後の保養のために私の郷里の和歌山県田辺に来られた折に、親父が非常に親しく交際させていただきました。親父は河上先生の非常に丁重で礼儀正しいお人柄に傾倒していました。親父が私の進学について河上先生に相談したところ、本人を自分のうちに寄越せといわれ、先生が京都へ帰られた後、先生のところへお伺いしたんです。私は中学を卒業するまで和歌山県田辺におった。高等学校は京都に行った。関西しか知らない。先生は、きみが経済学者になるといって経済学を勉強するのなら、いま東京なんかに行っちゃいかんと自分は言うんだけど、社会に出るためには東京というものを見ておかなければならない、東京を見ておくのが、君が将来社会へ出ていくのに非常にいいことだといわれました。それで僕は東京へ行く気持ちになったのです。

三谷　今日こちらに伺う前に、編集部の人から聞いたことですが、『中央公論』は今年（一九九五年）の一一月号で創刊一一〇周年だそうです。先生が『中央公論』に世界経済批判会の名で次々と論文を発表されたのが昭和五年から昭和八年頃、およそ六五年前のことになりますね。

脇村　戦前、『中央公論』に論文を載せるようになってから、大内兵衛先生が、「きみたち、ジャーナリズムに載せてもらうには、もう少しわかりやすく書かないとだめだよ。堅いことばかり書くのは能じゃないよ」と、文章について非常にやかましくいわれた。僕らが捕まったときに、検事から「大内からどういう指導を受けたか」と、一人ひとりに聞くんですよ。「マルクス主義の話を聞いたんじゃないか」、「大森からは労農派の理論を聞いたんじゃないか」とか。そこで私は、「大内先生からはいつも文章でしかられて、おまえの文章は堅すぎてジャーナリズムに向かないから、もう少しやわらかい文章を書けとしょっちゅう言われております。私は拳々服膺して、ようやくジャーナリズムに載せてもらえるようになりました」と。(笑)

三　財閥解体

だれも考えていなかった財閥解体

三谷　先生は、戦後の財閥解体に持株会社整理委員会の非常勤委員として関係なさって、実質的に非常に大きな役割を果たされた、というふうに私どもは理解しているわけです。まず、戦争中にドイツが敗戦になり、早晩、日本の運命も定まるであろうという見通しが先生にはおありで、当時、外務省にいらしただけに、敗戦の暁に日本に対する連合国、とくにアメリカの政策はどうなるだろうかということに、当然ご関心をもっていらしたのじゃないか。外務省自身も、そういうことを考えざるをえない。とくに先生の場合には、戦後の連合国の経済政策のあり方についてご関心がおありで、そういうことからドイツの先例なども研究なさっていたのではないかと想像しております。とくに、いわゆる財閥解体につながる連合国側の政策について、当時から関心をおもちだったと思うんですが、そもそも戦争中から、財閥解体に相当するような政策が日本に対して求められてくるだろうということを予想なさいましたか。

脇村 ドイツが壊滅しましたね。ドイツがどういうふうになるかを見ておりましたときに、おそらく日本もドイツと同じような条件になるんではないだろうか、つまり無条件降伏させられるだろうと思っておったんです。

連合軍が第二戦線を展開する前に、北アフリカ戦線で独伊軍が負けまして、東西からきた連合軍がドイツ軍、イタリー軍を追ってシシリーへ上陸する。それからイタリーへ上陸して、イタリーが降伏（昭和一八年九月）しました。そのとき、これは遠からず第二戦線を展開するだろうと思っておったら、ちょうど一九年の六月ですか、日本がサイパンを攻撃されると同じころに第二戦線がヨーロッパ大陸に展開され始めましたね。そして、その後間もなく日本では内閣がかわり、小磯（国昭首相）、米内（光政海相）、二人が内閣の首脳ということになりました。独ソ和平提議や日ソ関係改善の動きが急に強まってくるのです。

三谷 当時、外務省のなかでは、戦後の予想される経済再編成といった問題については、どの程度注意が払われていたのでしょうか。

脇村 連合国代表が集まって戦後国際通貨体制の確立を目的とするブレトンウッズ案を発表する（一九年七月）。この面でも、戦後への動きが進んでいるわけです。そして、時々それを発表してますね。

やがてポツダム宣言受諾ということになりますが、九月二一日に発表された「降伏後における米国の初期の対日方針」の中で財閥解体が打ち出されました。九月の二二日まで、日本では財閥解体ということはだれも考えていなかった。追放とか何とかいうことはあるかもしれないが、財閥解体は、この日初めて聞いた。外務省は「いったい財閥解体とは何だ」というわけです。だれもわからない。「それは親会社、持株会社を解体したらいいんだ」と説明しました。そのいちばんいい例が、一九一一年のスタンダードトラストの解体で、親会社を解体しろと言われて、解体命令の半年後にロックフェラーはいちばん上の持株会社を解体して、会社の株主に、自分の親会社がもっていた株を割り当てて、自分たちは全部石油界から引退した。それで済んだ。おそらくそれだと説明しました。財閥解体即持株会社解体。

三谷　ほかの日本の経済学者も、先生がお考えになったような意味で財閥解体というものを考えていたわけでしょうか。

脇村　考えた人はいないでしょうね。「持株会社さえ解散すればいいんだ」と、非常に単純に私は言ったわけです。それで方々へ行って「持株会社を解体しろ」と言うと、「解体はいやだ」という人もいるし、いち早く、「それじゃあ解体しよう」と言って、日本人たちが連合国総司令部のスタッフと一緒に調べに行くと、もう持株会社を解散しているのもありましたよ。

九月末、三井が私に「来てくれ」と言ってきた。本社に行きました。三越の隣の三井本社の一一階に、三井一族の会議室があって、そこへ呼ばれていった。三井のご主人と本社の重役四、五人とがいまして、「財閥解体とはどうしたらいいんだ」と言うから、「親会社を解体したらいいんです」と、「自分たちはどうなるんですか」と言うから、「ロックフェラーの場合は、全部辞めました」と説明しました。

三谷　三菱なんかがいちばん抵抗したわけですね、岩崎小弥太の……。

脇村　安田は非常に早く応じたわけです（一〇月一五日）。それで後に、「安田が落ちたからみんなが迷惑したんだ」と言われるので、『安田保善社とその関係事業史』という本を安田一さんが出した。「私のところが解体したから、皆さんが解体させられたわけではない。われわれは早く見通しをつけてやったんだ。五十歩百歩だ」と。安田が最初にふみ切ったために向こうからバッと押し寄せてきた、安田が火をつけたんだという批判に対する弁明で、ああいう本を出したんです。

当時、私は、アメリカはいったいなんで財閥解体を取り上げたのか、だれが主張したのかを研究しようと思っていろいろさぐるんですが、その理由はなかなか言ってくれません。やっているうちに、今度の戦争の場合、軍閥も戦争をしているが財閥も戦争をやった、そして儲けたのは財閥だ、中には、敵国と一緒になって財閥をつくっている企業もあった、国際カルテルをつくって自分たちの利益を企てているものがいたから、二度と戦争を起こさないためにも、軍閥だけではだめで、財閥も解体しておかないといけない、財閥を解体して民主的な経済組織にして、二度と財閥が戦争を起こすことのないようにしなくてはいけないということだな、とだんだんわかってきた。

それに、私は外務省から、向こうから来たエドワーズ調査団（ノースウェスタン大学教授コーウィン・D・エドワーズを団長とする国務省・司法省合同の日本財閥調査団。昭和二一年一月七日来日）の人はどういう経済学でみているのか議論してみてくれと頼まれました。「日本は国内市場が狭い狭いといって外国へ行く。対外的に市場を求めて、満州へ行ったりいろんなところへ出かけている。来て調べてみたら、財閥があって、労働組合を認めず、低賃金で利益は全部財閥がとって、それを自分のところで分けて軍備拡張し、どんどん市場を求めて外に進出している。せっかくこれだけ日本は勤勉な人間がいるんだから、これらの人間に正当な賃金を払えば、その人たちが物を買う。勤勉なこれだけの人口があれば十分な購買力があって、国内市場だって非常に広くなるではないか。国内市場を自分たちで狭くしておいて、払うものを払わないから、みんな物を買えない。低賃金で搾取したものを、国家と財閥がうまく分けて、一方に軍備を拡張しておいて、自分たちはぜいたくして、国内市場が狭いとはもってのほかだ。もういっぺん考え直せ」と、こういうことだった。だから、国内市場が狭いからやむなく外地に出ていきましたとか、また財閥も一つの仕事だけではマーケットが小さいから、いろいろな仕事をやらざるをえなくなって、たこの足のように事業をやったんですというのはだめだということだった。みずからマーケットを狭くしておいて、そんなことを言ったって、問題にならんというのが向こうの言い分なんです。

独禁法と総司令部

三谷　そういう理由づけに対して、当時、石橋湛山さんなんかは別の主張をしたわけですね。

脇村　いい財閥と悪い財閥——新しい財閥は悪いが、古い財閥はいい、非常に平和的なんだと言ったんですが、そんな新旧の財閥なんて問題にならんとアメリカはいう。

三谷　石橋さんは、新聞か何かに書いたんですか。

脇村　総司令部が「日本には英語で書いた経済論が何もないので困る。何か英語の経済雑誌は出ていないか」と言ってきたんです。『オリエンタル・エコノミスト』があります」と言って見せたら、「これは非常にいい。バックナンバーを揃えてくれ」というので、東洋経済に行って石橋さんに、「ここ一〇年ぐらいのバックナンバーがあったら司令部へやりたい」といってもらって届けました。

そのときに石橋さんに、向こうがこういう理由で財閥解体しろと言ってきていることを話したんです。つまり、今度の戦争は、財閥が軍部と一緒になって戦争したのだから、二度と戦争をしないためには財閥を解体しなくてはいけないのだと。すると、石橋さんは考えて、「それはきみ、財閥にもいろいろだよ。戦争反対の財閥もいたんだ。ところが、戦争をやれやれと言う財閥もいた。それはだいたい新興財閥だ」という。それを今度は経済倶楽部で発表したんです。『東洋経済』か何かにも書いている。

三谷　それは英文になったわけですか。

脇村　ええ。

三谷　それを総司令部は読んだわけですね。

脇村　外務省あたりがそれをもっていって、また向こうに言ったわけです。悪いのは新興財閥ですと。総司令部は独禁法をつくれというから、政府は考えて、アメリカの独禁法の引写しをもっていった。そうしたら「こんなのだめだ」と言うんです。「だめだと言ったって、あなたの国の独禁法はこのとおりです」と言ったら、「アメリカの独禁法は抜け穴だらけなんだ。せっかく日本が独禁法をつくるのに、そういう抜け穴の独禁法の真似などする必要はない。われわれが理想的な独禁法を書いてやる」と蹴飛ばしておいて、抜け穴のない独禁法を書いて「これを実行しろ」とやられた。

三谷 そういう考え方が、持株会社の解体だけじゃなくて企業そのものを分割するという方向になってきた。

脇村 財閥の親会社だけなくしたらいいかというと、だんだん向こうは解釈を拡大してきたんです。地方財閥とか、小さなものまでやる。もう一つは、総司令部がもっていた「独占」という概念です。一九世紀の終わりごろからできた独占禁止法は、全体的な独占という考えがあった。ところが、一九三〇年代になってアメリカとイギリスで偶然同時に、どうも完全な独占でない独占、独占的競争、競争的独占という寡占状態があるということを、ハーバードの学者、ケンブリッジの学者が考え出した。寡占状態というものがあって、独占価格によって管理価格ができてきて、これが経済の発展に障害があると言っていた。総司令部へ来ている人たちは、やはりそこまで理論的に考えていたんです。日本側はそんなこと知りませんからね、一般の人は。

三谷 総司令部の側に、「寡占」という概念が前提としてあったというわけですね。

脇村 アメリカで、寡占に基づいての判決がすでにあったわけです。向こうは、戦争中に出た新しい独占禁止に関する本をもってきていました。私たちに「知っているか」と言うから、「戦争中のは知らない」と答えたら、「じゃあここにあるから好きなのをもっていって勉強しろ」というわけです。

私は、助教授になった時に「持株会社に就て」という論文を書いた。持株会社の問題は、単一のバランスシートにあるんです。二重、三重になった会社のバランスシートではない。従来の貸借対照表、商法の規定にあるバランスシートなのです。それで持株会社のバランスシートを研究して、アメリカではどうしているか、イギリスではどういうふうに議論が行われているか、日本では実際、会社はどういうふうにしてやっているかを持株会社そのものと、そのバランスシートを研究して書いたのです（昭和二年「持株会社に就て」、昭和三年「英国の株式会社・株式・資本・株主——株式会社の研究一」、「持株会社の貸借対照表」）。昭和の初めに日本で持株会社のバランスシートを研究した人はいないわけです。

だから、財閥解体ときたら、私は、それは持株会社が対象だと考えたわけです。なぜ持株会社を解体しなきゃならんか。悪いのはどこかといえば、そういうバランスシートのごまかしが行われるからです。これは素人にはわからない。バランスシートを見たってわからない。ですから、一九二九年の恐慌の一つの原因は、持株会社をつくって子会社、孫会社をつくって、バランスシートをわからなくしてしまうと、そこで投資家が過ちを犯したことにある、だから持株会社を禁止するというのが大恐慌の後のアメリカの一つの結論になった。それで証券取引委員会をつくって、証券取引委員会に出すバランスシートは、そういうことをきちっと書いた総合的なバランスシートでなくてはいけないという規定になっているんです。向こうはそれを十分心得てやってきた。

三谷　財閥解体の問題で、総司令部は経済力集中排除法を出してきて、先生はそれに「過度」というやや限定的な形容詞をつけられて、本来、非常に広範囲であったリストを比較的狭い範囲のリストに縮められるような修正案をお出しになった、これは先生のアイデアだった、ということを伺ってます。先生ご自身としては、財閥解体のような経済改革は、戦後の日本には、ある程度は必要だというお見通しだったわけでしょうか。

脇村　私は、財閥の人から、「いったい自分たちはどうしたらいいんだ」と聞かれるんですよ。「それはあなた方が財閥解体して、もとのところへ戻らないということになったら、やめて、文化活動をやったらどうですか」と勧めたんです。そうしたら「自分たちは、会社の仕事のほかに、あとは遊ぶことしか知らない。ゴルフはやる、競馬はやる。文化活動と言われたって、そういう訓練を受けてない」と言うんです。三菱の御曹司がね。

三谷　先生の見通しでは、戦後の日本経済のあり方は、どうなるとお考えになったのですか。戦前、戦中とくらべた戦後の資本主義それ自体のあり方ですね。これについては、当時はどういうふうな見通しをもっておられたんでしょう。

脇村　戦後は、イギリスのように国有化とか社会化の方向へいくのではないかと。

三谷　福祉国家的な……。

脇村　そういうふうに初めは考えていたんです。ところが、アメリカはそうではなく自由競争一点張りです。アメリカは、世界中で自分と同じように独占禁止法をやらせて、「財閥はつくらず、自由競争でやっていけば繁栄するんだ、どの国もみんなそうしろ。そうすれば経済的原因で戦争は起こらないはずだ。だいたい、国際カルテルなんかをつくって、勝手なことを申し合わせをして、国は国で勝手に戦争させていて、自分たちは裏で儲けているなんてけしからん。世界中に独禁法をつくって、戦争が起こらんようにしたらいいんだ」というのがアメリカの基本的な考え方なんですね。

三谷　そういうアメリカ側の当時の見方に対して、先生は全面的には賛成されなかった。

脇村　めちゃめちゃに細分化する必要はない。一つの産業で、三つぐらいにしたらいいのではないか。一業一社一工場なんて、そんなことはよくない。繊維なら繊維は全体として総合的に数社で経営するということで悪くない。そういう考え方をもっていましたから、過度の集中はよくないが、そうでない集中はいいんだと言ったのです。どうしたって事業をやれば資本集中するわけで、集中することはそれ自体いけないということはおかしい。一業一社一工場なんて、それは極端すぎる。鉄鋼業でも三つあればいいのではないか。三つあれば集中してもよろしい。四つ、五つあっても構わないが、少なくとも三つまではいいのではないかというのが私の考えでした。

資本集中は悪くない。要は、エクセッシブ（過度）が悪いんだ、と。そうしたらE・C・ウェルシュ（総司令部経済科学局反トラスト・カルテル課長）は「エクセッシブをつけても内容は変わらないんだ」と言いましたよ。

「何を言ってるか」と思いました。そうしたら五人委員会（編注・昭和二三年五月にワシントンから派遣された集中排除審査委員会）委員長R・S・キャンベル（ニューヨーク造船会社社長）がきてやり直したわけです。五人委員会の方針は、絶対的な独占、つまり株式を八〇%とか七〇%もった会社は小さくてもやる、あまり大きな会社はまたやるんだという。私は、「三菱重工だってほかに競争会社があるから、残したっていいのではないか」と言ったら、「あれはちょっと大きすぎる」と言うのです。

そして、製鉄については、私は、製鉄業というのは本来一本でいいのではないかと思っていましたから、「日鉄（日本製鉄）は大きくても、あのまま残してはどうだ」というと、「やっぱり日鉄は大きすぎるから、二つに分けて、他に競争する鉄鋼業が一つか二つあればいい」ということで、日鉄は二つに分けるんだというのが向こうの言い分でした。

極端なのは、帝国製麻という安田系の麻の会社の場合で、これはレーヨンと一緒にやっていてハンカチなんかつくっていた。「こんなの分ける必要ないではないか」と私が言いましたら、「あれは小さいけど麻の独占率が高すぎる。八〇%以上ある。だからやっぱりあそこは二つに分けないといかんのだ」と言いましたよ。あんまり大きすぎてもいかず、小さくても独占率が高いと、やはり分けてもらわんといけないという向こうのやり方で、結局、二七八社が指定取消となり、二〇社ほど残って、これらを全部解体した。

日本経済の戦後五〇年をふり返って

三谷　先生は一九〇〇（明治三三）年にお生まれになって、戦前・戦中が四五年、戦後五〇年ということで、ほぼイーブンに戦前・戦中と戦後とを生きてこられたわけですが、戦後五〇年の日本というものをいまの時点でごらんになって、それこそ財閥解体をはじめとする経済面での改革に実際に関与された立場から、戦後の五〇年の日本経済の現状をどういうふうにごらんになりますか。

脇村　財閥は滅びたかどうかという問題が一つあるわけですね。ファミリービジネスとしての財閥はなくなりましたよ。また新しいそういうものはできたかもしれませんが、三井や三菱にしても、住友や安田にしても、ファミリーは戻ってこなくていいんだ、次に出てきた経営者の人たちがみな戻そうとはしないという気運が横溢したですね。また、その財閥ファミリーに会ってみても、この人ならもういっぺん財閥をやるなあと思った人はいなかったです。

三谷　そういう力量のある人はいないと思われましたか。

脇村　やっぱり初代のような人はいませんでした。ですから、もういっぺんカムバックして自分のところで指揮することは、おそらくできないだろう。そうすると集団がどうなるかということですが、集団はやっぱり残るんじゃないかと思いましたね。

三谷　いわゆる企業グループという形。

脇村　しかし、それが残っても、だんだん薄れていくのではないかなと思いました。

三谷　企業グループ自体が……。

脇村　もう一段何か起こると、ガタガタになるのではないかと思います。たとえば、三井のグループが非常に弱くなってますね。元来、三井は三井十一家があって、その下に石炭と物産と銀行があった。自分の関係する事業の金融だけやっていたのが三井銀行の仕事で、大衆から金を集めて大衆に貸すということはやってなかったんです。ともかく物産の必要な金を金融してやる。鉱山だって、鉱山で石炭を掘ってきたら、その石炭の販売はみんな物産がやって、鉱山は石炭を掘るだけだったんです。

三井の銀行と鉱山と物産で、その上に本社があってやっていた。それがいまでは、物産だって日本一というわけではないでしょう。で、銀行の力がやっぱり弱い。だから、昔の三井グループといまの三井グループの力は、非常に違うのではないかと思います。

三谷　ほかの企業グループの場合にも、そういうふうになっていくのでしょうか。

脇村　住友でも、いまやそういうふうになってきた。住友はどちらかというと、銀行と別子銅山が中心で大きくなったグループなんです。もう一つは、別子銅山から出てきた銅の精錬加工をやって、それが中心で大きくなってきた。戦後、鉄鋼のほうへいって、鉄鋼と電気工業と銀行。商事は、あそこはあまり強くない。ところが、そのうち別子銅山もなくなり、ほかのこれに代わる銅山もなく、銅山の利益が少なくなった。銀行は、第一次大戦後、東京へ進出する。とくに第二次大戦後は東京が非常に大きな役割を占めるからというので東京に力を入れた。あそこは京都大学の卒業生が多かったんですが、東大の卒業生を多く採るということをやって、銀行と電気工業と、保険はそれほどではなかったんですが、生命保険もだいぶ大きくなってきまして、順調だったのですが、銀行がやりそこなってしまう。あの銀行の失敗から、どういうふうに立ち直れるか。あれだけ大きく失敗するとは、私は思ってなかったんです。

その点、三菱はあまり大きな失敗をせずに、戦後を乗り切ってきてます。重工業で造船をやって、しかし軍艦をつくるわけにはいかんからタンカーをつくる。船は限界に来たというから、「自動車をやったらいいではないか」と私が言った。その自動車をものにした。次は「飛行機をやれ」と私は言ってるんですけど、どうでしょう。

結局、財閥を解体したので、私は罪滅ぼしに、戦後は財閥の文化活動のお手伝いをしてきました。住友の美術館とか、近年は三井文庫など。三井文庫には宝永年間からの帳簿があるんです。それと各社の帳簿が集められています。それの寄付行為を改めて、経済、社会的な資料を集めることができるように変えた。三井家がもっていた美術品をあそこへ集めることができるようになったのです。

この間亡くなった総本家の人は、だんだん年とって九〇になり、奥さんも亡くなられ子供もいない、死んだら相続税で全部取られてしまうと言うんです。大変な美術骨董品がある。仕方ないから、三井文庫へそれを収めようとしたら、文庫はそんなことを寄付行為に書いていないんですね。帳面とか経済記録だけでなく、社会資料も取り扱うことができるように寄付行為を改めて、美術品を取り扱うことができるようにしたんです。そうしたら文部省から、それだったらいままでのような経済史の先生ばかりではだめだから、美術がわかる理事を置くようにと言われて、結局、私に入ってくれ、私なら美術がわかるからよろしいということで、三井文庫へ入ったんです。それで三井総本家のもっていた美術品、これを収めておいてから、総本家の三井さんが亡くなった。

あとまだ三井家で、私が知っているものでは、三井高陽《たかはる》さんの切手のコレクションがある。世界的なコレクションだから、あれをひとつ入れてもらいなさいと頼んだら、「郵政省の博物館が欲しいと言ってきたけど、郵政省へは渡さないであなたのほうへ渡します」と。だいたい五万枚切手があった。そうしたらえらいもんですね。三井の社員のうちに切手の好きな人がいまして、やっぱり寄付しますと。いま、三井文庫は一六万枚、(笑)世界でも有名な切手コレクターになってる。

三谷　最後に戦後五〇年の日本経済についておっしゃりたいことはございますか。

脇村　やっぱり政治がまずかったね。

三谷　それはどういう点ですか。

脇村　議会制のデモクラシーに対して、金が自由に出るようになっています。アメリカは、会社は金を出さない。個人は金を出しますけど、会社が金を出すのはよくないと私は思います。そうすると自民党の人は「組合が金を出すのはどうか」ということになりますけどね。やっぱり会社の金というものが禍の元じゃないですか。

三谷　それは会社にとっても政党にとっても、両方にとってよくなかったということでしょうか。

脇村　アメリカだってずいぶん無茶なことをしてますけど、ともかく会社は金を出さないんですよ。

三谷　それは主として会社にとってよくなかったということでしょうか。

脇村　会社にとってもよくないし、政治自体が腐敗してしまった。また官僚が、サイレントサーバントではなくて、力をもったでしょ。これもあまりよくないと思うんです。次官から以下は身分保障が非常に強いですね。

進駐軍もそうだったんですが、ごちそうになるということをちっとも遠慮しない。昔から日本では、企業はお盆と暮れの二度は招待してもいいが、それ以上は招待してはいかんというのが、ひとつの企業のルールだったんです。いまはのべつ幕なしにゴルフに行ったりね。(笑) 回数が多いか少ないかによって、官僚を採点している。いろんなところにたかってますよ。進駐軍はややそういうきらいがありましたけど、進駐軍はごちそうになっても構わない。仕事は仕事できちっとやればいいんだといっていましたが、それがよくないんです。

アメリカの大統領は、大統領でいる間に各国からいろいろなものをもらうでしょ。それは自分のものではなくて国のものになる。日本は、外国へ行くときに国費でお土産をつくって大事にもって行きますね。帰りにお土産をくれます。これはもらった人のものなんです。アメリカはそうはいかない。一〇〇ドル以上のものは絶対もらえないんですよ。

私は、郵便切手のことを調べたことがありますが、F・D・ルーズベルトは一二年間大統領をしておって、辞めたときに郵便切手を競売にしてるんです。非常に少ないんです。三万ドルぐらいなんです。一二年間、世界中から切手を発行しますと大統領に、こういう切手を発行しましたともってくる。三万ドルとはいやに少ないなと思ったんです。少ないということだけ私のあの『趣味の価値』(岩波新書)に書いたんです。(『趣味の価値』には「一〇万ドル以上」とある)あれを書いてからハイドパークへ行ってルーズベルト大統領の家へ行ってみたら、切手のコレクションの展示をしてある。「これは大統領の在任中に各国からもらった切手だが、アメリカ政府の所有物なので、借りてきてここで展示している」とある。大統領が切手好きだというのでみんなが切手をもっていきますけど、それは大統領はもらえないんです。ちゃんと辞めるときに向こうへ置いてきてるんです。それを借りてきて、ハイドパークの切手室にそういう断わりを書いてね。そこまで知っておったら、『趣味の価値』にそれを書いておくのだったと……。(笑)

三谷 改訂版を出されるときにそれをお書きになれば。(笑)

脇村 その点、日本は非常に公私混同というか、役人がよくないんです。

四　石橋内閣のこと

戦前・戦中の交渉

三谷　先生は石橋湛山さんとは、ずっとご親交がおありだったそうですね。

脇村　私のおやじは『東洋経済新報』の最初からの直接購読者でした。

三谷　脇村家の投資顧問のようなことを石橋さんがなさっていたわけですか。

脇村　石橋湛山、それから『ダイヤモンド』の石山賢吉、住友の常務理事をした川田順の三人が、最高顧問なんですよ。

三谷　すると、先生はずっとお若いころから石橋さんと交際がおありだったんですね。

脇村　私の学生時代に、「今度、経済学部で勉強しますからよろしく」といって、おやじに石橋さんのところへ連れて行かれたことがあるんです。

三谷　東洋経済新報社へ。

脇村　まだ東洋経済新報社は早稲田にありました。日本橋に来てビルを建てたので経済倶楽部をつくりました。自分のビルの一部を使って昼食会をやる。週に一回講演会をやる。あるいは見学にいくとかいろんなことをやっていました。普通のクラブは政治家とか実業家だけなんですが、経済倶楽部は学者と財界人――政界人はほとんどいませんでした――が一緒になって懇談するクラブで、学者のほうは、石橋さんが早稲田ですから、早稲田の人が多いはずですが、東大の先生が割合多く、東大と一橋と早稲田、三つで構成されていたんです。早稲田大学の先生はほとんど協力しない。結局、東大の経済学部の先生方がわりあい協力しましてね。とくに私がいちばん協力したわけです。

三谷　学者ではほかにはどういう方がおられたのですか。

脇村　元東大の長老の山崎覚次郎先生が入っておりました。それから大内兵衛さん、土方成美さんも入ってますし、一橋のほうは、高垣寅次郎さんと中山伊知郎君。それから、塩野谷九十九《つくも》という、金融をやってる人が入ってましたね。早稲田の先生はあまり来ない。

金解禁問題（昭和四年）で井上準之助攻撃をやったのは、石橋さん、高橋亀吉、小汀利得《おばまとしえ》さん、勝田貞治、あと二、三人、町の経済学者がいましたね。

三谷　金解禁反対をですね。

脇村　旧平価による金解禁を攻撃したわけです。

私は、助教授になって間もなく、山崎覚次郎先生の還暦記念論文集を出すから書けと言われまして、何か金融のことを書かなくてはいかんと思い、「一個の伝統・紡績業と銀行」（昭和四年）というタイトルで、ランカシャーの紡績業がどういう金融組織になっているか、そしてそれが第一次世界大戦の後、インフレで非常に儲けて、後に失敗した話を書いたんです。当時、ランカシャーの紡績業の金融のことまで勉強した人はいなかったんですね。それに東洋経済の人が目をつけて、ちょうどそのころに東洋経済が主催して大阪でやる紡績座談会に私も来いと言われまして、石橋さんと同社の三宅晴輝君と一緒に行って顔を出したんです。それが私と紡績業者との接触の始まりでね。

三谷　石橋（湛山）さんとは、ずっと戦争中も。

脇村　ええ。

三谷　石橋さんは、戦争そのものについては、どういうような見方をしておられたんでしょう。

脇村　大陸への軍事的進出には反対した。戦争の拡大につれて、戦争に協力すべきだという人も内部にはいました。

三谷　石橋さんを、人間としてはどういうふうに見ておられますか。おもしろい人なんですか。

脇村　坊さんで、哲学をやって、経済は後からやった人でした。

三谷　宗教心の篤い人だったんですか。

脇村　偉い資格をもっておられましたよ。お父さんが高僧（日蓮宗総本山身延山久遠寺の八十一世法主日布上人）ですからね。

三谷　石橋さんから影響を受けられたというようなことはございますか。

脇村　事件（教授グループ事件）が起こったときに、石橋さんは、「絶対にそれはおかしい。自分が特別弁護人になってやる」と言ってくださった。

ずいぶん私は東洋経済で仕事してましたよ。

三谷　先生は、たしか昭和一六年ごろから、『東洋経済新報』の編集会議に顧問として出られるようになる。

脇村　そうです。そして、私が保釈になって出てきてから後は、経済倶楽部の特別会合のときに話をしてくれとか、東洋経済の編集会議の後の顧問会議へ来ていろいろ意見を言ってくれとしょっちゅう言っておったもので、そこでいろいろな話をしました。それを聞いて、清沢洌が『暗黒日記』（昭和一九年五月二〇日）に、僕が経済倶楽部でどういう話をしたか書いてありますよ（編注・清沢は当日の日記に「脇村義太郎氏……の話しあり。……世界石油産額の九五％まで反枢軸国側にあるを数字をあげて説明」と書いている）。あんなものが、その当時、世間へ出たら困ったことになったでしょう。

昭和三一年自民党総裁選挙

三谷　話はとびますが、戦後、岸（信介）、石橋の自民党総裁選挙があったときに、ご尊父の旨を受けて、石橋支持の活動をされたということを仄聞《そくぶん》しておりますけれども、それはお若いころからの石橋さんとの個人的な関係からですか。

脇村　私のおやじは、私には政治をやってはいかんと言いましたが、自分は政治が好きなんです。昔から和歌山県は異色の代議士ばかりで、その一人に田淵豊吉というのがいたでしょう。彼を、私のおやじが終始応援していたのです。自分が選挙委員長になったときもありました。私には、政治の運動をしてはだめだということだったんですが、石橋さんのときは例外だと。「自分が元気だったら行ってやるんだけど、自分がやれないから、金は出すからおまえがやれ」という命令が、おやじからきたわけです。

三谷　具体的には、どういうことをおやりになったんですか。

脇村 三木さんを口説いたんです。
三谷 三木武夫。
脇村 「あなたは単独では無理だ。だれかと組んだらどうですか」と切り出したら、「だれと組んだらいいか」と聞かれて、「石橋はどうか」といったら、「石橋なら組める」と、三木さんはそう言ったんです。それで石橋さんにその話をしました。日経出身の石田博英氏が、「石橋さんを総理大臣にするんだ」と初めからやっている人で、その人を通じて三木派の人と会って、最後に、石橋さんと三木さんとが会った。
三谷 三木さんと脇村先生は？
脇村 初めから親しいんです。
三谷 いつごろからですか。
脇村 三木さんが、三木事務所（赤坂）をもったんです。後につくった番町の三木事務所ではありません。そこで朝飯会をやったときに、来ないかといわれて、それで。
三谷 それは何年ごろですか。
脇村 昭和二五年、まだ占領中ですね。そこの朝飯会に、時々顔を出していたんです。
三谷 どういう顔触れだったんですか。
脇村 有澤廣巳、土屋清、稲葉秀三も来ておったですね。それに私。学者は有澤・私のほかに川野重任君ぐらいです。ジャーナリストは他に円城寺次郎。財界人は、いわゆる三木派の財界人。石油関係の人がわりあい多いんです。それ以外に海運関係で日本郵船の人も来てました。三木さんは、奥さんが森矗昶《のぶてる》の娘で、安西兄弟（安西浩・正夫）と親しいんですが、安西はそういうところへあまり顔を出さなかった。それから、外務省の関係の人で、幾人か。

三谷　それは、三木さんのほうから脇村先生にアプローチがあったわけですか。

脇村　有澤さんが、石油連中との関係で、三木氏と話をしたんです。

三谷　やはり三木さんの周辺は、石油……。

脇村　その関係の人がちょいちょいいました。

三木氏は、総理大臣をねらうにはブレーンをつくっておかなくてはいけない。外務省の人も、財界人も、新聞記者も、学者も、ということで、彼は、やはり志は総理大臣にあったんですね。

三谷　ですから、何としても脇村先生をブレーンに加えたいと思っていたのですね。

脇村　後になって、三木さんが番町に事務所をつくったときに、私に事務所を引き受けてくれということを三木さんが言った。私は、有澤さんを推したんだけれども、「有澤君は、自民党本流と仲よすぎるよ」というふうに言って、有澤君をとろうと言わないんです。「じゃあ、土屋君はどうだ」、「土屋君もだめだ」。で、私にと言うわけだけれども、「私は政治はやらないから、辞退します。先生のお役に立つことがあれば、いつでもブレーンとしてお役に立ちますから」と断わったんです。

三谷　事務所を引き受けるというのは、どういう意味ですか。

脇村　事務所で研究会を主催して、自分が総理大臣になったときはこういう案でやるんだという案を決めてくれということです。

三谷　政策を立案せよということですか。

脇村　そう。私は、研究している専門が非常に狭く、総理大臣向きの研究をしていないからだめだと断わりました。

三谷　その三木事務所は、いつごろできたわけですか。石橋内閣が瓦解した後ぐらいですか。

脇村　いや、瓦解する前です。そして、石橋内閣をつくるときに、うまく三木派と石橋さんが手を握って、それに松永安左衛門さんがくっついているんです。松永さんが、産業計画会議というものを一方でやりつつ、他方で天下をとろうとして、だれか天下をとるのにいい人はいないかということを見ていたんですが、どうも見渡したところ石橋さんしかいない。石橋さんと組んで天下をとろうと考えたんですね。大蔵大臣に石橋さんがなったときに、政治家として見込みありと、松永さんが考えたんじゃないでしょうか。いったん、石橋さん、公職追放になるでしょう。追放になって帰ってきてから、石橋さんを総理大臣にしようと思っていた。

石橋さんが総理大臣になったときの政策を立てるのが産業計画会議だと松永さんが考えて、そこへ戦犯で捕まって帰ってきた企画院総裁、陸軍中将の……。

三谷　鈴木貞一。

脇村　松永さんは、鈴木さんが釈放になると同時に迎えに行って彼を政治的なブレーンにした。経済的なブレーンは、私と関係がある日本窒素の野口遵のいちばんの子分、満州へ行ってひと暴れして帰ってきた工藤宏規という人を、経済的、技術的な顧問にした。

私は、工藤宏規は昔から知っていますから、彼が、松永さんのところへこないかというので、顔を出したんです。そうしたら松永さんが、石橋さんを総理大臣にしようとねらっているから、私とわりあい簡単に一緒になれたわけです。

三谷 鈴木貞一氏は石橋支持で動いたんですか。

脇村 彼は動いていない。しかし、彼は松永さんに救われた。巣鴨から出たところへ松永さんが訪ねて行って、見どころがありとみて、彼を使ったんですかね。僕は、彼を使ってプラスはなかったと思いますよ。戦後の時代に、鈴木さんが働くことは無理ですよ。

三谷 それは無理だったと思いますね。

脇村 結局、三木、石橋グループで総裁選をやるというときに、石橋さんは、関東方面は関係があるけれど、関西方面は金集めのルートが少ないから、私に行ってくれないかと言われました。「じゃあ、私が行きましょう」ということで、関西へ総裁選の運動資金を集めに行ったんです。

三谷 どういうところをお回りになったんですか。

脇村 私は、住友へ行こうと思ったんです。そうしたら、東洋紡の会長の関桂三さんが、「住友へは行くな」という。彼は石橋さんと仲がいい人です。「脇村さん、あなた住友へ行ってはだめですよ。住友には、土井（正治）という住友化学の会長がおって、これが岸（信介）と同級（大正九年東大法学部卒）で、岸、岸と言って、住友は岸で固めているから、行ってもむだだから」と。私が行けば行ったで、住友もまた出してくれたと思うんですが、結局行かなかったんです。

あと紡績関係と石油関係をちょっと歩きまして、中には、「石橋にはブレーンがいないではないか。君、ブレーンで入るか」と言ってきて、「ブレーンというわけにはいかないけれど、お手伝いだけはします」と言ったら、「君がブレーンに入るならカンパしてやる」という紡績会社もありましたね。紡績会社は、大体、全面的に出してくれ、石油会社も出してくれたんです。私は、OKだけとって、金がどのくらいほしいかは、経済倶楽部の常任理事の宮川（三郎、東洋経済新報会長）が行って話した。私はしなかったんです。

三谷 そうしてみると、あの総裁選挙では、石橋陣営も、先生のご尽力もあって、ずいぶん運動資金を集めることができたんですね。

脇村 松永さんが関東方面の財界をやって。私が関西のほうを。関東のほうも、石油関係だけは、私が顔を出したんです。あとは石橋さんの経済倶楽部の関係者がいますからね。

三谷 それは岸陣営と比べてどうだったんでしょうか。

脇村 岸陣営は、藤山（愛一郎）さんがついていました。藤山さんに対しては、次の総理大臣にする、今度は外務大臣で指名するからということで、藤山さんを入れたんでしょうね。藤山さんも、財界にればぬくぬくやれたのを、つい総理大臣になれるというところで、うまくのせられたんでしょうね。それから、満州関係は、岸さんは昔からずっと人脈がありましたからね。商工省のホープだったですし、藤山さんは、岸さんが巣鴨に拘禁されている間、ずいぶん面倒をみていたらしいんです。

結局、あれがもとで藤山財閥というのは、全部なくなってしまいましたね。私は、藤山さんの大番頭の秋山（孝之輔、大日本製糖副社長・日東化学取締役・専売公社総裁）さんに、「金のない人がやるならいいけど、金のある人が総裁選挙なんかやったら、すっかり裸になるから、あなたがついていて、とめてあげたらどうですか」と言ったんです。秋山さんは「脇村君、藤山愛一郎が自分で儲けた金ならそういうことはしない。親からもらった金だから湯水のごとく使っちゃう」、「使っても総理大臣になれればいいんだけど、みんなにはぎ取られるんじゃないですか」、「そこまでいかないと目が覚めないよ」と。

三谷　石橋総裁になって、石橋内閣というものができる過程で、先生は、組閣の人事などにもある程度関与されたのですか。

脇村　石橋さんから、内閣の人の割り振りについて協力を求められました。私に、たとえば「三木さんに、外務大臣になってくれないか交渉をしてくれ」と言うので、三木さんに、外務大臣の交渉に行くと、「外務大臣もありがたいが、やっぱり石橋派としては幹事長が大事だ。党を固めるのに石橋の腹心の者がいないとだめだから、自分は入閣しないで幹事長をやらせてくれ」という要求だった。

そう言われれば、幹事長は大事だから、三木さんを幹事長にして、組閣は石橋さんと三木さんとで相談して、いろいろリストをつくったんですが、結局、外務大臣はだれにするかと、副総理をだれにするかという問題が起こって、副総理は、最後に、三木、石橋だけでは頼りないから、石井派から起用し、石井（光次郎）さんに副総理に入ってもらう。そして、外務大臣は、どうしても三木さんがだめだったら、やっぱりあれだけの票を取ったんだから岸氏に頼まざるをえないだろう。それから、防衛庁長官は野村吉三郎がいいだろうとなった。

最終的には、「野村吉三郎は職業軍人だからだめだ」ということになった。石井さんは「副総理はありがたいが、自分のほかに石井派を二人とってくれ」と要求を出してきた。「二人は無理だ。あなたとだれか一人で、あと一人はほかの派からとるから」と言ったんですが、石井さんは頑として、「自分が副総理に入ることは入るけれど、石井派をそれ以外に二人取ってくれないと入らん」と言ったんです。

三谷　そのようなことについては、先生が意思の疎通を？

脇村　私が疎通をやったのではなくて、その間、身近なところにいたからいきさつを知っているんです。

結局、石井氏はどうしても副総理にならなかった。副総理になっていれば、石橋さんが倒れたとき、すぐ総理代理でいくんです。やっぱり、天下をねらったら、総理大臣にいちばん近いところにいないと。遠くにいてはだめですよ。その原則を彼は忘れていたんです。自派の大臣一人のために。

ところが、最近だれかが書いてますが、岸派から石井さんの副総理入閣を邪魔しようと手を使って石井さんに、入るな、入るなと運動して、それに彼がのっけられたんだという説があります。そうだとすれば、石井さんは大きな政治の動きの見えない人だったんですねえ。僕は、若い時から時々会って知っていた岸氏の策をさすがだと思いました。

最後は陛下に名簿をお見せして、それから閣僚を発表したんです。陛下は、「岸は戦犯じゃないのか。大丈夫か」と、それだけちょっと言われたそうです。

2　財政金融・政治・学問

対談者　神田　眞人

神田　本日はご多忙にもかかわらずお時間を頂き、誠に有難うございます。三谷先生のゼミを受けたのはちょうど三〇年前で、ロバート・ダールの *A Preface to Economic Democracy* 等を扱ったと記憶します。私がゼミでご教授を受けた指導教官の中では、三谷先生をはじめ、金子宏先生、樋口陽一先生達がご健在ですが、星野英一先生、平井宜雄先生、佐藤誠三郎先生達は天国に逝かれてしまうなど、時の流れを痛切に感じる次第です。時代の雰囲気も大きく変わる中、今日は、既存のものが溶解してゆくような流動的な状況にあって、先生の高い歴史的、哲学的視座からの御見識を幅広い読者に共有頂ければ幸甚に存じます。

一　国際金融と世界秩序、そして内政

神田　世界中でポピュリズムが伸張する中、ブレキシット・レファレンダム（英国のEU離脱国民投票）でロンドン・シティの位置づけが、トランプ現象の米大統領選挙でウォール・ストリートへの対応

が大きな論点になっているように、リーマン危機後、規制強化に晒されながらも国際金融資本は大きな影響力を維持しており、政治システムと国際金融システムの相互連関を明らかにされた先生の『ウォール・ストリートと極東』は今も貴重な政策的含意を我々、現在の当事者にも提供してくれます。「国際金融資本とアジアの戦争」において四国借款団の二面性、つまり、国際金融資本は国際主義的理念と利潤インセンティブを担いつつ、他方、国家諸利益を反映すると記されていますが、今でもそうで、世界平和が国際金融市場の発展を保障するため、彼らは地政学的リスクや政治的不確実性を嫌悪し、基本的には国際政治の安定を求めます。他方、グローバリゼーションで相互依存と共に富の偏在が進展する中、彼らの強欲さが貧富の格差の拡大、民衆の不満を生み、その結果として、国際政治も混乱させている問題も観察されます。伝統的に産軍複合体の資本の論理が戦争を要求してきたという立場も昔からありますが、先生は、国際金融資本の世界政治に与えた機能をどう総括されますか。

三谷　第一次世界大戦後、ウッドロウ・ウィルソン米国大統領が所謂 Wilsonian World Order（ウィルソン的国際秩序）の理念を打ち出しました。これは世界的に大きな影響を及ぼしましたが、当時の国際金融資本はこれに深く共鳴しました。ウォール・ストリートを代表する金融家であったモルガン商会のトーマス・ラモントは日本とも深い関係にありました。それからジョン・フォスター・ダレスはウォール・ストリートに事務所を構えていた弁護士で、ウィルソンがプリンストンにいた時の教え子です。元来、ラモントもダレスも共和党員であるにもかかわらずウィルソンに深く共鳴しました。なぜかというと、単に理念に共鳴したわけではなく、ウィルソン的国際秩序というものが、当時の国際金融資本の利益拡大関心と合致した、つまり神田さんのいう利潤インセンティブを喚起するものだったからだと思います。利益拡大関心というのは、今日の言葉でいえば、資本市場の自由化、国際化といったビジネス上のプロフェッショナルな関心ですが、これとウィルソンの提示した世界秩序の理念が合致したことが大きいと思います。

二〇世紀初頭に急速に国際化が進みましたが、この時代の国際化はアメリカ化、アメリカナイゼーションなのです。それも単に政治的なアメリカナイゼーションにとどまらず、経済にも文化にもアメリカナイゼーションが及びました。日本の大正デモクラシーも世界的なアメリカナイゼーションの一環としてとらえるべきで、その性格を解明するにあたっては、大正デモクラシーの「デモクラシー」がアメリカン・イングリッシュとしてのデモクラシーの意味を持っていたと解することが非常に重要だと思います。この時代の日本の政治で言えば原敬、彼はそれまでの日本外交が日英同盟を基軸としていたのに対して、初めて対米協調を基軸として打ち出しました。それまで対米協調論がなかった中、今に至る持続的な外交のビジョンを打ち出したという意味で日本外交の画期的な変化であり、原は初めて世界的なアメリカナイゼーションに対する日本の適応を外交政策論として示したといえるでしょう。

文化のアメリカナイゼーションでは、例えば哲学における西田幾多郎ですが、『善の研究』はアメリカのプラグマティズムの影響がウィリアム・ジェームズの「純粋経験」という概念を通して強く及んでいると私は見ています。文学における夏目漱石も米国のプラグマティズムや社会学の文献を読み、ウィリアム・ジェームズに対する強い関心を示しており、文学におけるアメリカナイゼーションの波が漱石にも及んだといえるのではないでしょうか。それから、時代がちょっと下がりますが、映画における小津安二郎も米国映画の影響を強く受けています。

このように世界的にアメリカナイゼーションが及んだということが重要で、国際金融資本の拡大も、アメリカナイゼーションの流れに適合した動きだったと見ています。

それから、産軍複合体の問題ですけれども、これは第一次世界大戦の「戦後」には存在せず、出現するのは第一次世界大戦の「戦後」が終わる一九三〇年代です。一九三一年九月にイギリスは金本位制を停止しますが、イギリスの歴史家はこれをもって第一次世界大戦の「戦後」が終わったと位置付けています。イギリスの金本位制停止とほぼ時を同じくして満州事変が起こりましたが、これは金本位制を根底から覆すものでした。これによって日本の金解禁を実現した井上（準之助）財政は終焉を迎えることとなります。

第一次世界大戦の「戦後」が終わる前、金本位制の時代にはゴールド・リザーブ（金準備）の確保が重要で、金準備確保の必要から、財政政策としては世界的に緊縮財政の要請がありました。緊縮財政の重要な一環が軍縮であり、軍縮と金本位制は強く結びついていますから、金本位制の時代は産軍複合体をめぐる様相は違っていたのではないでしょうか。

勿論、第一次世界大戦の「戦後」が終わる前にも軍事産業は存在していましたが、当時の国際金融資本のリーダー達は、軍拡というのは非生産的な資本の消費であるとして、産業界の主流に非ずとの見方をしていました。圧倒的に軍縮政策の時代でした。

神田　国際金融システムと政党政治が連関する資本主義世界にあって、国際協調主義を日本で機能させた高橋是清と井上準之助が有力政治家である間、日本と世界がウィン－ウィンとなり、両者の暗殺により、日本は破滅に向かいました。先生が国際政治経済史家ハーバート・ファイスの著書『ドルの外交』（*The Diplomacy of the Dollar*）を引用しつつ示されたとおり、彼らは完全に金融語を共有することにより職業的金融家として信用の組織の国際金融共同体の構成員に認知されていたから可能だったのでしょう。「日本の国際金融家と国際政治」においても、モルガン商会のトーマス・ラモントが井上準之助を我々全てと同じ金融語を話すとして信頼し、井上は国際金融共同体の一員として認知されたことを記されています。現在の日本の財政金融の中核も国際金融共同体のインナーサークルの有力な一員として認知され、国際ルールの形成に強い影響力を持つに至りましたが、他方、中国も、金立群以下、国際金融共同体の成員である世銀経験者を財政部等の幹部に並べることにより、ＡＩＩＢ（アジアインフラ投資銀行）設立やＳＤＲ（特別引出権）参加に成功しました。しかし、この共同体は維持されているもののの、オルテガ・イ・ガセットが専門家の大衆化を危惧したように、プロフェッショナルの世界自身が近視眼的、刹那的、受動的となっている感もあります。同じく、バジョットが『ロンバード街』でイングランド銀行の特殊性を示しつつ経済における信用の重要性を強調していることも紹介されていますが、信用の守護者としてブレキシットへの危惧を正面から叫んだイングランド銀行総裁はカナダ人のマーク・カーニーでした。彼も、テリーザ・メイ、デーヴィッド・キャメロン新旧首相も、フィリップ・ハモンド、ジョージ・オズボーン新旧チャンセラー（財務大臣）も、混乱を招いたマイケル・ゴーヴ、ボリス・ジョンソンも全て私と同窓のオックスフォード出身であり、まさに知的共同体の弱化も心配するところです。ワシントン体制時代前後の金融プロフェッショナル達の知的ディシプリンはどういうものであったのでしょうか。

三谷　高橋是清は仙台藩の出身で、薩摩出身ではありませんが、人的系譜の上でも政策的にも大久保利通以来の薩摩系と私は位置付けています。大久保以来の薩摩系の政策の特徴を一言で言えば、外資に依存しない経済ナショナリズムということになりますが、高橋は大久保が開拓した、いわゆる殖産興業政策の思考様式を受け継いで終生貫いたといってよいと思います。確かに、その高橋も日露戦争の戦費調達、つまり外債募集の任務を通して外資導入の先鞭をつけることになったわけですが、外資依存、外債依存の増大には一貫して消極的であったと見ています。

これに対して、高橋が開いた外資導入の路線を拡大したのが井上準之助です。彼は独自の対米ルート、トーマス・ラモントらを窓口とするモルガン商会を通じて外資導入の路線を拡大しました。

井上は明治二九（一八九六）年に帝国大学法科大学を卒業して日銀入りし、高橋の後を追って総裁にまで上り詰めるわけですが、井上と高橋とでは対外的な経験に大きな違いがあり、アングロサクソン系のモルガン商会と直結していた井上は、対米協調路線を外交上確立した原敬に嘱目されました。原が大正一〇（一九二一）年に暗殺されなければ、井上は高橋と同じく政友会入りし、政友会のリーダーとして重きをなしたのではないでしょうか。

井上の一年先輩に当たる明治二八年の帝国大学法科大学卒業生に浜口雄幸、幣原喜重郎がいます。浜口、幣原、井上、この三者がワシントン体制の下での日本の財政と外交を支えたといえます。外交を主導したのが幣原、財政を主導したのが井上であり、両者の上に立って内政・外交の総合的なリーダーシップをとったのが浜口。この時代が日本の政党政治のピークだったと思います。

ウォール・ストリートが日本の財政に与えた影響、とりわけ浜口、井上の金解禁政策に与えた影響は大きなものでした。当時ウォール・ストリートは日本にできるだけ財政を緊縮するよう圧力をかけ、井上はその圧力をまともに受けたわけです。

城山三郎が小説『男子の本懐』で井上を描いていますが、城山さんや井上の令息である井上四郎さん達と座談会をやったことがあります。城山さんは井上の財政政策の国際的背景をほとんど考えていなかったから論点が嚙み合わなかったのですが、金解禁政策を「男子の本懐」とのみいうのは若干客観性に欠けるのではないか、というのが私の考えです。

神田　「明治国家の外国借款政策」で示された借款が明治国家の政治状況を規定した歴史、特に外国借款政策と経済ナショナリズムの関係は、我々の国債管理政策や途上国支援政策にも大きな教訓を与えてくれます。特に、「ウォール・ストリートと満蒙」で論じられた満蒙への米国資本導入計画は、日露戦争以来の満蒙における特殊的地位の確保と、国際協調のワシントン体制の論理を両立させる戦略であり、対日関係の基軸となった米国の東部金融業者の同調を引き出し、米国内での議論の中で、満鉄米貨社債を認めないことと東拓米貨社債を認めることとの間で日本の満蒙権益を認容する方向を導いています。これは対話のモメンタムからも優れた作戦だったといえますが、当時、我が国はどこまで戦略的視座と見通しをもって展開したものだったのでしょうか。

三谷　経済史の学者が私の論文を引く場合、しばしばこれを引くのですけれども、満鉄米貨社債と東拓米貨社債とでウォール・ストリートの態度が分かれるわけです。これは日本側の作戦的意図によるというよりも、アメリカ側――国務省やウォール・ストリートの周辺の世論――の態度によったのではないでしょうか。日本による植民地支配をどの程度許容するのかという問題と深く関連しています。アメリカは、満鉄米貨社債については、ウォール・ストリートを巡る世論に反するという判断をします。満鉄米貨社債では世論に反し、利益が上がらないと考えるわけです。ただ、その代替案として東拓米貨社債ならなんとか世論を納得させうるというところから出てきたのだと思います。当時の資料を読んだ際、社債の発行にあたって世論の動向がいかに重要だったかを知り、私には正直驚きでした。アメリカ側は日本の朝鮮半島に対する植民地支配は認める、その程度には日本の植民地支配に許容的でしたが、満州支配を認めない程度には否定的だったと解すべきだろうと思います。

第一次世界大戦以来、日本には一貫して満鉄米貨社債を発行させたいという関心がありました。井上準之助はそれによって日本の満州支配の実質を確保したいという立場でしたが、ついにそれが認められなかったわけです。東拓米貨社債というのは一種の日米妥協の結果だったと思います。ご承知のように、日露講和成立の直前（一九〇五年七月）、日米間では桂・タフト協定を結んで、アメリカのフィリピン支配を日本に認めさせる代わりに、アメリカは日本の朝鮮支配を認めるという政策をとりました。アメリカにとって極東におけるフィリピンは重要であり、そこに日本の影響力が及ぶことをもっとも恐れていたため、フィリピンと朝鮮半島との一種の外交的取引が成り立ったわけです。ですから、東拓米貨社債を認める、すなわち朝鮮半島開発のための社債の発行を認めるということになったのだと思います。

神田　米国が、ラモント提案を採用し、満蒙問題を政治問題でなく経済問題として処理し、外交交渉ではなく経済交渉に委ねた合理主義が「ウォール・ストリートと極東」で紹介されていますが、今、我々が直面する日中関係の悩みに対する含意に富みます。確かに、やがて現実との対応関係を失って崩壊すべき仮構に過ぎなかったのかもしれませんが、経済関係が政治の現実を変えることはしばしば存在し、寧ろ、膠着した外交関係の突破口となることもあります。四国借款団は、一見、直接の目的は達成しなかったが、積極的というよりは消極的に、経済的にというよりは政治的に機能することによってワシントン体制の安定要因となったという先生の分析は希望を与えてくれます。しかし、国内権力闘争の渦中にある中国が日本の対話路線についてこられない状況が続きます。先生はどうすればいいとお考えでしょうか。

三谷　現在の中国の習近平路線は国内民主化に対して非常に不寛容、特に言論の自由に対しては非常に抑圧的です。国内民主化が権力の基盤を脅かすことへの脅威感が大きいわけで、北朝鮮とも共通するところがあります。その意味で中国は北朝鮮との提携関係を断絶できない、運命的な一体性を感じているのではないでしょうか。

日本としては、中国の経済的基盤の安定化に協力する、その意味で神田さんのいう「対話路線」を強め、できる限り軍事的緊張緩和を図ることが肝要だと思います。言い換えれば、かつての鄧小平・胡錦濤路線の復活を促進するような政策をとることが重要ではないでしょうか。太平洋戦争中、アメリカでは日本の穏健派を有利にするような政策をとるべきだということが唱えられて、結局は上手くいかなかったのですけれども、今の王毅外相や程永華駐日大使は実は知日派であって、そういう人たちの中国内における立場をできるだけ有利にする政策をとるべきだと思います。

神田　先生が「福沢諭吉と勝海舟」や「勝海舟と日清戦争」（『人は時代といかに向き合うか』）で描かれた、勝海舟の、軍事と財政は不可分とし、両者の均衡を回復しつつ媒介するものが外交とした慧眼は、加藤友三郎、若槻礼次郎達が継承し、堀悌吉等条約派の敗北で閉ざされたとも思いますが、戦後も、日本の日米安保路線の経済的成功やソ連の軍拡の致命的失敗を想起させます。過去の我が国のみならず、現代の海外を見ても、成功している指導的政治家は財政の素養が極めて重要とされますが、現代日本ひとり、国家存続の条件である財政の持続可能性への関心が余りに政界に希薄である特殊性は何に基づくのでしょうか。

三谷　日本の政党政治の歴史上、経済面での成功体験は「拡大経済路線」に限られています。「均衡経済路線」についてはは成功体験をもっていません。それが大きい。つまり、政党政治において重要なのは選挙の結果であり、それを重視する限り、「拡大経済路線」をとらざるをえないということがあります。しかし、それがいつかは限界に至ることも明らかです。「均衡経済路線」（ないし「緊縮経済路線」）における成功例をつくり出すことに、日本の政党政治の将来がかかっていると考えます。

神田　日本はこれから毎年一％人口が減っていく、しかもＧＤＰの二倍以上という未曽有の政府債務残高があるわけですから既に限界に至っています。海外の国政選挙でもポークバレルの側面はありますが、政策プラットフォームは、与野党揃って、将来の持続可能性と世代間不公正にアドレスし、子孫に借金を残さない財政規律を謳い競います。日本だけは高度成長の履歴効果か、自分だけは逃げ切れると思ってか、有権者の少なからずも納税者としての役割、将来世代への責任を回避している感があります。

三谷　だからこそ、政党の中からかつての高橋や井上のような財政的な識見をもった政治家たる財政家が出ることが望ましいわけですけれども、なかなか出現しません。出現するとすれば、危機のリーダーとして、国内の要請よりも国際的な要請に応じて、国際的な信用を担って登場するのではないかと思われ、その場合の政権は大連合政権であろうという感じがします。

仮に政権交代を実現するような、今の自民党政権への対抗勢力ができうるとすれば、政策上の対抗軸となりうるのは、緊縮財政路線以外ないのではないでしょうか。しかしそれはちょうど敗戦後の日本のように拡大経済路線が破綻した後に、はじめて出現するであろうと思われます。問題は、緊縮財政の下でいかにして国民経済を活性化することができるのかだと思います。昭和初頭の井上準之助を蔵相とする浜口民政党内閣は、軍縮を含めた緊縮財政路線を通して、社会保障の充実の可能性をさぐりました。しかしそれは結局満州事変以降の軍拡によって実現を阻止されました。

神田　麻生太郎財務大臣は歴史に学びながら政策を熟慮される方で、先日も、満州事変の直前に井上準之助が、英国が金本位制を防衛するために挙国一致内閣を作ったボールドウィン等政治家の取った態度は実に見上げたものと評価したという、先生も紹介されたエピソードを我々にお話になり、嬉しく思いました。大連立は政治対立打開の最も有効な手段たりえる一方、現代政治では、かえって、反エスタブリッシュメントを対立軸として浮上させかねない危険も指摘されます。大連立をどうお考えになりますか。

三谷 大連立が必要な場合もあるわけですけれども、先ほど言ったように、大連立政権は本質的に危機の政権であって短期政権です。これを長期にわたって維持するのはちょっと難しいという気がします。

神田 先生が「日本の国際金融家と国際政治」で分析された高橋是清を始めとする指導者たちは国際的社交能力と経済専門知識の結合に加え、強烈な国家主義的理念を有しています。真の愛国者は国際人であり、真の国際人は愛国者であることは、新渡戸稲造や嘉納治五郎が示すように我々の理想です。「二つの吉田茂像」(『人は時代といかに向き合うか』)で示された吉田も、ジョン・ダワーが指摘するエリート主義的・帝国主義的国際協調主義者の姿と、猪木正道が見出す自由主義的保守主義者の姿というアンビバレントな多様性が矛盾せず相補的に共存します。そのような属性を備えた政治家を現代社会において、どこに見出しておられますか、或いは、どうすれば育てることができるのでしょうか。

三谷 「愛国主義」は「国際主義」と両立しなければならないわけですけれども、そのためには、「愛国主義」それ自体に排他主義を超えた普遍主義的要素がなければなりません。要するに、外国人からも尊敬される「愛国主義」でなければならない。そうした外国人からも尊敬される「愛国主義」のあり方を対外的に公示するものが重要ですが、私は憲法がそれに当たると考えています。憲法は必ず英語に訳されて、外国人も見ようと思えば見ることができます。これは明治憲法の時代からそうです。明治憲法のコンメンタリーに伊藤博文の名で出た『憲法義解』(一八八九年)がありますが、これも英訳されて、外国人は日本の憲法体制がどういうものかということを英訳の『憲法義解』で見ているわけです。憲法は時の政府の政策を反映したものとは違うわけで、その国の理念が表現されています。ですから、外国人が見るという意味でも、「愛国主義」の基軸として憲法は非常に重要だと思います。ドイツの社会学者ハーバーマスのいう「憲法愛国主義」です。

また、重要なのは危機における普通の人の行動です。外国の人々は、東日本大震災の際に普通の日本人のとった自発的な秩序ある行動に感銘を受けました。それを愛国主義の表れと見るわけです。

神田　就中《なかんずく》、英米資本を消化しながら、中国と経済連携しつつ、独立した東亜経済力を扶植するとした高橋是清の世界観は、事後的にみても卓見であり、石原莞爾を超える大局的世界観を示しています。その高橋がクーン・レーブ商会の影響力低下もさることながら、政友会に入り、政党政治家になったために国際金融資本との連携において主導的役割を果たせなくなったと先生は示唆されているようですが、国内党派性と国際的影響力の両立は難しいのか、御敷衍頂ければ幸いです。

三谷　必ずしもそのような示唆を意図してはいなかったのですけれども、高橋は近代日本において、国内政治家でありながら、国際的によく知られ、影響力をもっていた数少ない政治家の一人であることは確かです。同時代の政治家である井上準之助も暗殺されなければ、おそらく高橋のような政治家になりえたでしょう。井上は暗殺された当時、民政党の選挙対策委員長のポストにあり、純然たる国内政治家でしたが、彼はその立場にありながら国際的影響力をもっていました。宇垣一成は、井上が亡くなった際、国際信用のある政治家が亡くなったことが一番の痛手だと日記に書き、その死を悼んでいます。ですから、必ずしも政党政治家になったから国際的信用がなくなったということではありません。

高橋と井上はどちらもウォール・ストリートとの結び付きは強かったのですが、井上は第一次世界大戦で連合国側の勝利に財政面で最も貢献したモルガン商会との結び付きが強かった。一方、高橋はドイツ系ユダヤ資本と結び付いていました。ウォール・ストリートのどこに結びついていたのかが、高橋と井上との違いにあらわれたのではないかと思います。

神田　「大正デモクラシーとワシントン体制」において、米国で一九〇八年に国務省極東部が設置された時からチャイナ・スクール（知中派）が要職を占有したことを記されていますが、戦後の政治学でも、日本研究について、米国ではヒュー・パトリック、ジェラルド・カーティス、ケント・カルダー達に、英国でもイアン・ニッシュやアーサー・ストックウィン達に何十年もずっと依存し、次世代のジャパンデスクは余り育っていません。日本の相対的経済プレゼンスは漸減せざるを得ないところ、どうすれば、海外での知日派のクリティカルマスを形成できるのでしょうか。

三谷　私と同世代か少し上の世代にはアカデミックな日本研究に情熱を持った人が多かったのですが、そういう日本専門家は日本自体が国際的に重要な役割を果たした時代に出てきています。

本格的な日本専門家が出てくる最初のきっかけは、明らかに日露戦争で、その時、アメリカの国務省は日本専門家を本格的に養成しなければならないと考えるようになります。神田さんが指摘したように、国務省に極東部が設置され、極東に対して政策的な関心をもつようになるのです。それまでは日本に来る外交官は政治的なパトロネージに基づいて、日本について無知、無識でも来ていたわけですが、日露戦争後には、語学もできて、日本の実情にも通じた本格的な日本専門家を養成するために、大学を出てすぐの若い人材を日本に送り込み、徹底して語学力から鍛え上げるようになりました。私の知る中では、ユージン・ドゥーマン、ジョセフ・バランタインの二人がアメリカ国務省初の本格的な日本専門家と言ってよいでしょう。

アメリカの軍部も本格的な日本専門家の必要性を認識して養成に乗り出し、陸軍などは、国務省と同時期に留学生を日本に派遣しています。この中から太平洋戦争中対日作戦をリードする軍事専門家が出現するのです。彼らは戦後の対日政策にも影響を及ぼしています。但しマッカーサーは日本についてレベルの高い専門知識をもっていたとはいえません。彼が知っていたのは、米国の植民地としてのフィリピンだけです。だから彼は植民地フィリピンを見る目で日本を見たのです。彼の言葉として知られる「日本は東洋のスイスたれ」というのは、元はフィリピンについて言った言葉です。

ユージン・ドゥーマンに対するヒアリング記録がコロンビア大学に残っていて、それを読んで驚いたのですが、彼は全然英語を知らない日本人について日本語を学んでいたのです。定期的に試験があって、漢字六〇〇〇字をマスターし漢文の読み下しをしていたということです。彼によれば、ギリシャ語をラテン語に訳すような困難だったそうですが、それくらい徹底的にやったわけです。しかも、その後すぐ帰国するのではなく、こうして養成された専門家が一〇年以上も外交官として日本に滞在していたわけです。その彼がポツダム宣言の原案を起草しました。生半可な知識の人が起草したわけではないので、内容への賛否はともかく、ポツダム宣言がどういう状況のもとで書かれたかを本格的に研究する必要があると思います。

その次に多くの日本専門家が生まれるのは太平洋戦争期です。この時期に出てきたのは、日本語を本格的に叩き込まれたランゲージ・オフィサー（語学将校）が多く、ドナルド・キーンもその一人です。今のアメリカに日本語を話す能力が非常にすぐれた人はいるのですけれども、そういう人がアカデミックな能力を持っているとは限りません。アメリカの教育で問題があるのは日本語の読解力で、以前の世代と比べて読解力が落ちています。スムーズな日本語をしゃべるからその人は日本語学力があるかというと、必ずしもそうではありません。

神田　良くも悪くも日本が異質で世界を揺るがすパワーがあったから研究対象になったとすれば、逆説的なところもあって悩ましいですね。

三谷　その通りで、太平洋戦争前後の時期は、良くも悪くも日本が世界史の中心にいました。東京の情報をとることが重要だったわけです。ゾルゲ事件も、日本の情報が重要だったから、英米だけでなく当時のソ連がエージェントを派遣して近衛（文麿）の側近から情報をとるということをやったわけです。良くも悪くも日本が国際的に重要な役割を果たしていた時代にすぐれた日本専門家は生まれ、アカデミックな日本研究者として育っていったのです。

神田　チャールズ・アディスのコミッショナー・ジェネラルの構想は第二次大戦後、全ての経済政策、時には憲法改正まで支配する世界銀行が超過達成し、しかし、今、世界の民主化、途上国の力量向上と共に、瓦解しつつあります。ポール・コリアが *The Bottom Billion* で最貧層を救うための軍事介入の正統化を示唆したようなパターナリズムと、腐敗していても民族自決権の正統性を重視する民族主義、いずれも問題がある主張の間で我々も苦悩します。

三谷　いわゆる政治的リアリズムの本質は、目的と手段との適切な関係の設定にあります。つまり、目的のみを重視した軍事介入、これはアメリカの対イラク戦争に見るように、失敗する。一方、腐敗した民族主義への梃入れですけれども、ブッシュは日本の前例を念頭において、イラクでも軍事介入の後にはいずれかつての日本と同じように安定した民主的政権ができるだろうという見通しをたてていましたが、やはりイラクと日本とでは根本的に違いがありました。日本は曲がりなりにも民主主義の伝統をもった国家であり、そうした伝統がない限り、民族主義への梃入れは失敗するのです。

ポツダム宣言に「民主主義的傾向の復活・強化」というくだりが出てきますが、これを起草したアメリカの日本専門家は、敗戦日本には民族主義だけではなく、民主主義の伝統、傾向があったということをよくわかっていたのです。そこがイラクと根本的に違うところです。浜口内閣に体現された政党政治のピークの時代、若槻や幣原クラスの国際的なコミュニケーションができたリーダーが民主主義的傾向を代表した政治家です。そういう政治家が登場するような民主主義的傾向を復活させなければならない、それが占領政策の主要な目的だとポツダム宣言で言ったわけです。

神田　斎藤博駐米大使が一九三四年五月ハル国務長官に打診して結局、失敗した太平洋の東西をそれぞれ米国および日本の勢力範囲とし、日米がそれぞれの領域で安定勢力となるという構想は、まさに習近平主席がG2として米国に求めて拒否された時に再登場しました。今、TPP（環太平洋パートナーシップ）と南沙が試金石となっていますが、先生は太平洋の健全で安定した秩序の均衡をどこに見出しておられますか。

三谷　斎藤駐米大使はニューヨーク総領事在任当時からウォール・ストリートのバンカーと密接なコミュニケーションがあり、その支持があったのではないかと思います。ただ、今ではG3やG4の合意によっては太平洋に安定した秩序を作るのは難しいのではないか。つまり、今の世界はパックス・アメリカーナが崩壊した後にできた多極化した国際政治の下にあるのであって、そうした現実に適合した関係国間の合意が必要だと思います。もちろん、そうした合意を作り上げるのは大変ですが、そのためには、関係国のリーダーが国内政治家にとどまらず、いわゆる「国際社会」をリードする国際政治家の役割を果たすことが必要です。

よく言われる「国際社会」という言葉が登場するのは第一次世界大戦後です。常に最先端の学説を目指した蠟山政道先生の『政治学の任務と対象』（一九二五年）の中に出てくるのですが、それ以前のように国家の動向だけ見ているのでは国際政治は理解できない、つまり、国家以外の主体の動向が非常に重要だとされています。国際政治というものに対して社会学的なアプローチが重要だという考え方のもとに「国際社会」という概念が出てきたのです。国家が集まって国際社会を作っているという漠然とした使われ方とは少し違います。

二　権力と知識人——時代との向き合い方

神田　先生の『二つの戦後——権力と知識人——』、その再編新著の『人は時代といかに向き合うか』から多くを学びましたが、アンビバレントな思いも残りました。active demos の国境を越えた国際共同体の組織化や inter-social な協力の努力は昨年（二〇一五年）の気候変動にかかるパリ合意への貢献や、国境なき医師団の活躍など、一定の成果を導いています。国境がグローバリゼーションによって相対化され、人、物、情報、資金を国家が管理しきれなくなる一方、テロから地球環境まで一国では処理できない地球規模問題が乱立する中、市民の国際的運動は重要性を増しています。他方で、まさにその能動的人民が国内で偏狭なナショナリズムの主体となり、国際的にもシングルイッシューや独善主義、時には暴力で健全な議論を混乱させているのも事実です。ＩＴ化、感情的なワンフレーズのネット社会では、知的に厚みのある議論のフォーラムが不在となり、それぞれが同質的な塹壕で心地よい意見にのみ耳を傾けて世論の両極化を推進し、これに議会制民主主義が屈したのがブレキシット・レファレンダムの危険な動きに他なりません。先生が能動的人民という時、市民ではないが極めて能動的な勢力が強まる現実の危険について、どうお考えになりますか。

三谷　「民主主義」の基本単位は個人ではなくactive demos、つまり少数者だと考えています。したがって、現実の「民主主義」は“rule of the majority”ではなく、“rule of the minorities”、複数の

“minorities”の支配というものが民主主義の現実ではないかと思います。その意味では、あらゆる民主主義権力は実質的には連合政権です。そういう“rule of the minorities”を実現するためには、“minorities”を統合するための政治的リーダーシップが決定的に重要です。ですから、神田さんが指摘したように、単なる情動的に動く demos にならないように、active demos としての質を高めるための政治教育が重要です。一七世紀の社会契約論者ジョン・ロックのいうように、デモクラシーはもちろん、あらゆる政治社会は構成員の明示的または黙示的な「同意」(consent) に基づくものです。これがなければ政治社会の持続性・安定性を期することはできません。それを政治社会の構成員に自覚させるのが政治教育の目的です。

しからば、政治教育をどう行うかということを真剣に考える必要がありますが、政治教育の基軸はやはり憲法であると私は思います。日本の現行憲法を含めた、さまざまな近代憲法にもりこまれている一七世紀以来の社会契約説を中心とする政治哲学を基軸にして政治教育は成り立つのであって、選挙の模擬投票とかが政治教育ではないのです。

神田　先生が「政治社会の没落」において、シェルドン・ウォーリンを引きつつ、集団的同一性の表現がコンスティチューションから社会システムへ移行し、特殊利益の組織化、制約なき利益政治が進展する中で、ひとり政治コミュニティだけが没落していると危惧されています。政治的同一性の不鮮明化が統治者と被統治者を共に拘束する規範意識を希薄化させ、これが自由の私化、公共精神の衰退を齎す中、信条体系の再生が不可欠とすれば、その政治的徳の源泉をどこに見出せばよいのか、そしてそれがプリベイルするようにどう啓蒙できるのでしょうか。立憲主義を答えとする考えも少なくありませんが、先生が示唆されているように、立憲主義を技術ではなく価値観たらしめるには信条体系が必要であり、よりメタな信条体系がなければトートロジーに陥ると思われます。

三谷　政治社会を成り立たせる belief system の問題ですけれども、要するに、憲法のいう「主権の存する日本国民の総意」、つまり、多数・少数を超えた、ジャン・ジャック・ルソーが『社会契約論』の中でいうヴォロンテ・ジェネラール（一般意志）というものが究極の belief system であり、政治社会を成り立たせる基本合意です。こういうものの存在を前提にしなければ、日本国は存在しないし、いわんや主権者たる国民の総意に基づく「日本国の象徴」も存在しないということです。ですから、政治社会が存続していくためには、一般意志が存在することを前提にする必要があります。

「一般意志」は、ケルゼンのいう「根本規範」ではありません。ケルゼンの「根本規範」は形式であって、内容が積極的に定義されているわけではなく、むしろ一番近いのは日本国憲法第一条のいう「主権の存する日本国民の総意」ではないかと思います。今の日本には多数派の代表者は存在しますし、また少数派の代表者も存在するのですが、多数・少数を超えた「一般意志」の存在を前提にすることが非常に重要だと思います。

神田　吉野作造は、「百年の日本人　吉野作造」によれば、政治的民本主義を内面から動かす精神的貴族主義の必要性を説きつつ、民衆自身が政党化すると政党は監督者を失い、政党間競争を衰えさせ、政党の健全な発達を妨げると警告しています。しかし、今は逆に政党が民衆化し、健全なプロフェッショナリズムが健全なアマチュアリズムに支えられるのではなく、アマチュアリズムがプロフェッショナリズムを駆逐してしまったという見方もありますが、どうお考えでしょうか。

三谷　民主主義におけるプロフェッショナルは、アマチュアからのプレッシャーをより強く受けますから、非民主主義におけるプロフェッショナルよりもはるかに高い質を求められるということではないかと思います。

三　学問と現実との相克

神田　先生は『学問は現実にいかに関わるか』において、学問とは、唯一の正しい答えが存在するか否かが知られていない世界において、未知なるものの答えを求める過程と定義されておられますが、現世は既存の制度や観念が溶解する乱世であり、益々、学問の重要性が高まっています。ところが、福沢諭吉がそれぞれの社会的役割を果たすためのアートとしての学問として実務家にも求めた学問の領域が社会でマージナライズされつつあります。それ以上に、学問のプロであるべき学界が、社会の複雑化やIT化による情報の氾濫の影響もあってか、ますます蛸壺の細分化の中、殆どの人類にイレレバントな研究に埋没したり、パラダイム進化に程遠いリスクアバースな研究に安住する傾向が指摘されています。学界一般に、責任ある知の生産者たるノブレス・オブリージュの自覚は強く残っているのでしょうか。

三谷　これは学界一般というよりも、学者といわれる私自身の問題ですけれども、私自身は、現在の必要に応えることも重要ですが、できれば後世の評価に耐えられる学者でありたいと願っております。なかなか後世の評価に耐えられる学者はいないのですけれど、目指す目標としてはそうありたいと願っています。神田さんの指摘については、杞憂とはなかなか言えません。自分自身のことは棚に上げますけれども、そうした憂慮は私自身も共有しています。

神田 学問におけるパラダイム進化に停滞感があります。学界が細分化して、ジェネラル・セオリーというか、大局的な洞察に取り組む方を見出すのに困っています。私が今、一番活用する経済学でも、ダイナミックだったのはスミスからリカード、ワルラス、マーシャルといった偉人を経て、ケインズ、シュンペーターまでで、以降、パラダイム転換は余りなく、数学的進化や他領域の応用にすぎないと揶揄されています。

三谷 その通りで、各論はあるけれども、総論がないのです。総論というのはそれこそジェネラル・セオリーです。いまそれが欠けているということは、ジェネラル・セオリーに対する関心が薄れているということです。実定法の分野でもそうではないでしょうか。例えば商法だと、かつて田中耕太郎先生の学問的関心は、商法の総論をいかに作るかに向けられていました。今の商法学者にそのような関心をもつ人はあまりいないのではないでしょうか。たとえば田中先生の場合は、手形小切手法という各論が「世界法の理論」という壮大な総論につながったのです。一般的には実定法に対する哲学的関心が薄れているということです。商法は商法の領域で技術的には非常に完成度が高まって、実務の役に立つ部分はあるのでしょうけれど、ジェネラル・セオリーがなければ、隣接する学問分野に対する影響力がないのです。ただ、神田さんが学んだ平井宜雄先生にはそういう志向がありましたね。

神田　平井先生は広い好奇心から謙虚に他の学問領域の方法論を借りてきて、法政策学を構築しようとゼミでも広範な研究を指導されていました。他方、その民法では星野先生も私のゼミ指導教官でしたが、実定法の解釈論は既にかなり教えた、とおっしゃったうえで、ロールズやドウォーキンといったジュリスプルーデンス（法哲学）、ひいてはマックス・シェーラーといった哲学を研究して利益衡量の思索を高めるよう指導下さっていました。今はそうした伝統がなくなってしまったのか、最近の学生は受験勉強の続きで狭い分野の教科書的知識を暗記して、社会に入った頃には忘れるだけになってしまっているようです。

三谷　政治学でも、各論として、選挙分析などは進歩しており、同じ状況ですね。そういう進歩も必要だとは思いますけれど。先ほど、隣接する学問分野に対する影響力の話をしましたけれども、いわゆるプロフェッショナルのアマチュアに対する影響力は細分化した分野の研究では生じないわけです。総論、ジェネラル・セオリーの哲学的部分から素人は影響を受けるわけで、それが重要なことだと思うのですけれど、そういうものに対する関心がなくなってきています。

神田　「学者はナショナリズムの防波堤たれ」は、冷戦期において、当然、問題になるような国際的諸問題が、冷戦戦略上の考慮から凍結されていたが、冷戦終焉により、被支配民族の側からかつての支配民族の側の歴史認識を問うという形で解凍され、国際問題化したと分析し、学者は国家よりも相互の尊敬によって成り立つ学問共同体を優先すべきと訴えておられます。そして、自ら、二〇〇二年からの日韓歴史共同研究の座長として実践されました。歴史認識問題克服を期待された日韓共同研究はその努力にもかかわらず必ずしも目的を達成できなかったとの見方もありますが、先生ご自身はどう評価されておられますか。

三谷　はかばかしい成果が上がらなくて、現実はご指摘のとおりなのですが、日韓であのような共同研究をやる場合に重要なのは、お互いが背後に背負っている国家の利益とか国民の感情とかを代弁する場ではないということです。韓国の学者の場合、基本的に韓国の国民感情とか国家機関を代弁するという考え方が強かったので、共同研究といっても外交交渉と同じです。外交交渉の場面でよくありますが、韓国の国旗と日本の国旗とを組み合わせた飾りを韓国が最初に用意してきたので、私はそういうことはやめるべきだと最初に言いました。国家間の交渉ではないのだから、国家を背負っている学者ではなくて、個人としての自由な研究者がお互いに運命共同体をつくることが必要なのだと。私は若い頃に日米関係史共同研究というのをやったことがありますが、アメリカの学者のいいところは全然国家を背負う意識がなくて自由な学者として議論をするわけです。私はそれを望ましい先例として、日韓も同じような方式でやるべきだと最初に主張しました。韓国もその後国旗は撤去しましたけれど、学者が出て行く以上、外交交渉を別の手段でやるようなのは意味がないと思うのです。個人としてはあんなところに出て行きたくはなかったですよ。けれども、これはやらざるをえないと腹を括って私は三年間取り組みました。共同報告書という形でまとめはしたのですが、そこまでが限界でした。

神田　韓国側の学者は国内での批判を恐れてやむをえず政府の方針に従っていたのでしょうか、それとも自分自身精神的にナショナリズムと同化していたのでしょうか。

三谷　韓国の学者は基本的にナショナリズムなのです。それは強く感じました。日本に留学経験のある学者もかなりいましたが、非常に残念なのは、韓国の社会では反日的でないと生きていけないという事情もあるのです。公式の会議以外の場で私は、日本の研究をする以上は嫌かもしれないけれども伊藤博文の研究は重要だと思います、とよく言いました。韓国の学者も個人のレベルでは理解できるとは言うのですが、社会に向かってはそう言えないのです。親日的ではまずいのです。そこは日本と韓国の根本的な違いだと感じます。だけど三年やっているうちに、最後の方は韓国側の学者の態度が変わってきたところもありました。

神田　丸山眞男は昭和四〇年世代の私が高一であった時にまで強い影響を与えていましたが、「思想家としての丸山眞男」が示されたとおり、学界を超える普遍的な知的共同体の成員としての強い自覚と使命感、そして強固な世界観的基礎が伝わったからだと振り返る次第です。その丸山が、民主主義の理念を実効あらしめるには精神的貴族主義と民主主義が内面的に結びつく必要があり、個人の自由の砦として社会的権威が重要であるものの、これが戦後民主主義に欠落しているとされます。しかし、そのような社会的権威はどこに求めうるのでしょうか。

三谷　丸山先生の趣旨は、「権威」は「権力」とは異なる、物理的強制力を伴わない内面的な価値であって、自発的服従の対象だということだと思います。「権威」という観念は民主主義にとって不要なものではなく、重要な価値であり、それが育つのは教育によるところが大きいというのが私の考えです。

私は天皇陛下の存在は、ある意味では権力と違った価値として、今の日本に意味のあるものではないかと思います。

権力に対峙する権威がなければ民主主義は成り立ちませんが、戦後民主主義にはそこが欠けているのではないでしょうか。そのことを指摘して丸山先生は精神的貴族主義というものが民主主義と結びつくことが必要だとしており、これは吉野作造も民本主義を主張する際に言っていたことです。

神田　『大正デモクラシー論』（初版）における「国際環境の変動と日本の知識人」（『学問は現実にいかに関わるか』に再録）の考察は圧巻であり、まさに、丸山のいう理念としての客観性と事実としての存在拘束性の相克を浮かび上がらせています。満州事変に直面した立作太郎や神川彦松が、現代国際法秩序の中に既成事実を取り込む法的擬制を工夫した営みに、私も筒井若水先生の現代国際法研究会に所属した時から注目し、また、先生にはお叱りを受けるかもしれませんが、現政権の安保法制を強く支持する私としては、特に関心を持ちました。彼らの学問的姿勢が、列強が作り上げた既存秩序の不公正を念頭に、よりよい世界秩序を目指す実践的試みなのか、インテグリティを立派に維持された横田喜三郎が暗に批判されたように、狭義の国益に名を借りた保身の転向だったのか、先生はどうみておられますか。また、蠟山政道が、法律関係と事実関係のギャップを既存国際法の解釈に拠らず、特殊性、アジア地域主義の強調で処理しようとしたことは、我々実務家としては当然のオプションですが、今の中国のアジア特殊論に基づく国際仲裁裁判所に対する態度と同様の誇りを受けかねないところもあります。特に本人が、東亜新秩序の形成を中国民族主義と西欧帝国主義を日本の軍事力で打破する試みと位置づけ、日中戦争が必然的に日米戦争となる論理を自覚していたとすれば、些か無責任のような気も致します。こうしてみると、矢内原忠雄が一九三七年に弾圧されるまで、ナショナリズムの論理に基づく政治的合理性と資本主義の論理に基づく経済的合理性の観点からの科学的な批判を展開し続けたことが金字塔のように見えますが、いかがでしょうか。

三谷　神川先生は、第一次世界大戦後、『国際聯盟政策論』（一九二七年）を書いて国際連盟の重要性を説くところから出発しました。そういう意味で、第一次世界大戦後の日本の国際政治学の出発点をなした一人なのですが、その後立場が変わっていったわけです。その変化に同情はしますけれども、私は神川先生を見ていて、やっぱりどこか踏みとどまるべき場所があったのではないかと感じました。学者一般に当てはまるのですけれども、学者は新しい潮流というものに弱い面があります。蠟山先生もそうで、常に最先端を目指した学者でしたから、それはそれで素晴らしいことなのですが、むしろ最先端を目指したところに一つの学問の発展の限界があったというふうに私は思います。

ですから、矢内原先生については、神田さんの指摘に同調します。あのような時代にもかかわらず、矢内原先生は論理がしっかりしておられました。矢内原先生の担当していた当時の講座の名前は「植民政策」です。本来植民地経営のための合理的な政策の追求を目的とする講座ですから、植民地それ自体を批判の対象とすることはありえないのです。あのような植民地批判をよくお書きになったと、私は社会科学者として尊敬します。矢内原先生が一番影響を受けたのは吉野作造先生です。今年（二〇一六年）岩波から『吉野作造政治史講義』が出ましたが、吉野作造先生の講義を学生だった頃の矢内原先生が記録したノートが収められていて、大変、立派な内容です。こういう意外なところに吉野先生、矢内原先生の学問の継承関係が現れますが、それが伝統なのです。

神田　先生は岡義武先生への弔辞（「学問の客観性と人格」）において、終戦工作に参加した東大法学部七教授の一人として岡先生を称えられていますが、この極めて重要な歴史が、余り詳らかにされておらず、宮中ルートを使ったという傍証はあるものの、提案の内容さえ判りません。学問的にはどこまで明らかになっているのでしょうか。

三谷　イニシアティブをとったのは南原繁先生、これは明らかです。昭和二〇（一九四五）年三月九日から一〇日にかけて東京大空襲がありましたが、南原先生はちょうど三月九日に法学部長に選ばれています。法学部長に選ばれて、戦争終結工作をやるべきだと、それが法学部長の使命だと決意したのです。今では考えられないことですけれど。それで、南原先生を含む当時の法学部の七人の教授が終戦工作をやるということで団結したのです。当時へボン講座という寄附講座があって、今はアメリカ政治外交史と言っていますが、その担当教授だった高木八尺、商法の田中耕太郎、民法の我妻榮、英米法の末延三次、私の先生だった政治史の岡義武、商法の鈴木竹雄の七人です。田中先生と南原先生との関係は学内問題をめぐって必ずしもよくなかったのですが、終戦工作ということで団結しています。

憲兵や特高警察の厳しい監視の中でやったわけで、今考えてもよくぞと思います。吉田茂らが当時近衛と一緒に終戦工作を行っていましたが、それと別個に並行して行われました。

南原先生は、最終的には天皇の聖断によらなければ戦争を終わらせることはできないということで、天皇側近の重臣、当時の木戸幸一内大臣、総理経験者の若槻、近衛、元外相の幣原などの重臣に個別に説得にあたりました。文春文庫の『昭和天皇独白録』にも出てきますが、南原先生や高木先生らの終戦工作は昭和天皇にとっても大きなモチベーションとなりました。民間でもこういう工作が進んでいる、と。それが昭和天皇の聖断に大きく影響したということが今になるとよくわかります。

しかし、こういう工作をやったということはすべて消し去ろうというのが当事者間の申し合わせであり、経緯はほとんど伝えられていないのです。私は個人的に南原先生にも、勿論、岡先生にも接触する機会がありました。しかし、詳細はほとんど語られることはない。今の東大総合図書館の一階にある洋雑誌閲覧室、当時の記念室に集まって情報交換をやっていたということは聞きましたけれど。事後に詳細は伝えないという申し合わせがあったのです。

当時、木戸内大臣の息子さんが法学部の学生として在籍していました。木戸孝彦さんといって木戸内大臣の二男です。私もよく知っています。お父さんが戦犯容疑者になったので弁護人を引き受けて、そのあと弁護士になったのですが、南原先生は木戸孝彦さんをメッセンジャーとして木戸内大臣への意思伝達をしていたようです。昭和二〇年の八月一五日、自分は法学部長室にいたと木戸孝彦さんが語っていました。それで、陸軍の叛乱の動きとかがあったので、いま宮中で何が起こっているかを逐一先生に伝えたと彼は書き残しています。

神田　七教授は終戦工作の件がなくとも他の業績で既に歴史的大物なのですが、終戦工作の内容は下手をすると歴史に埋もれていた可能性があるわけです。学問的には封印はいかがとも感じますが。

三谷　歴史に埋もれさせる、というのが当事者間の合意なのです。終戦工作をやって大物になろうだなんて当事者は全然意識していません。こういうところで歴史によって大物か否か弁別されるわけで、やっぱり大物ですとしか言いようがありません。

神田　先生は『人は時代といかに向き合うか』の中で、今日、我々がお邪魔している明治新聞雑誌文庫を含め、史料との出会いを愛情を持って記されています。先生が校注された尾佐竹猛『大津事件』を、司法警察予算担当になった時に再読した際、史料の大切さと怖さを実感しました。先生は、尾佐竹が未公開であった児島手記写本を参照できたのではないかと推察されており、この対談シリーズ（『ファイナンス』超有識者場外ヒアリングシリーズ）にもご登場頂いた半藤一利先生は、『極秘明治三十七八年開戦史』で初めて対馬海峡に残ったのは東郷神話ではなく、島村速雄第二戦隊司令官と、何よりも藤井較一第二艦隊参謀長の努力と判ったと指摘されました。この度の『昭和天皇実録』は言うに及ばず、新たな史料が無限に出てくる可能性がある中、歴史家はどうやって真実を判定する心証を得られるのでしょうか。

三谷　史料（text）はそれ自体よりも史料の意味を解き明かす歴史的文脈（context）が重要です。では、歴史的文脈をどうやって把握するかということについて、近代史に限っていえば「史料としての新聞」が重要だと思います。このことを最初に感じさせられたのは、明治三九年に日本社会党が社会主義政党として初めて、当時の西園寺内閣下の内務省に公認された件です。なぜ西園寺内閣が日本社会党を公認したのかがわからなかったのですが、当時西園寺内閣を支持していた『読売新聞』が、同年に実施されたイギリスの総選挙において、現在の労働党の前身である労働者代表選出委員会が初めて二桁の当選者を出したことを大きく報じ、西園寺内閣の社会主義政党に対する認識を変えたのです。日本における社会主義政党公認という政策転換の記事と、イギリス政治における労働党の進出という記事が同じ紙面の中に出てくるわけです。新聞はコンテクストを描くために紙面を印刷しているわけではありませんが、偶然並んでいるニュースを読むことが時代の歴史的コンテクストを理解する上で非常に重要だと思います。普通は新聞の史料価値はさほど重く理解されておらず、新聞を使って歴史を書くなどということはまずやりませんが、「史料としての新聞」を見直すべきだと思います。

現在の問題でも、例えば、少子高齢化の問題がいつ日本で認識されたのかは新聞を読めばわかります。一九四〇年五月以降、ドイツがフランスに勝利することがありましたが、当時、なぜドイツがフランスに勝利したかについて日本の新聞でも大きく取り上げられました。中でも、ドイツの勝利は人口政策の成功の結果であるということが新聞に出ていて、ドイツはマジノ線を突破する前に人口のマジノ線を突破した、ところが我が日本を見よ、どうもフランス同様少子高齢化が進んでいる、これではいけない、ナチス・ドイツの人口政策を積極的に学ばなければならない、と。こういうコンテクストで少子高齢化の問題は最初に取り上げられたのです。

神田　インターネットの時代となり、新聞は広告収入が激減して経営が大変ですが、ネットのニュースでは全体像が見えない、断片的で浅い、何よりも自分に関心があるもの、心地いいものしか見ないといった問題があります。重層的な知的プラットフォームの共有がなくなると民主主義の基盤が崩れかねません。また、役所が取る新聞も民主党政権に激減させられたのですが、仕事に悪影響がでます。行政官は複眼的に、様々な視座からの情報と分析を併せ持つべきですし、切り張りでは紙面での優先順位、位置づけがわからなくなります。原子力災害対応の仕事をしていた時に『福島民報』、『福島民友』を毎朝、読んでいなかったら、現場を読み間違えていたかもしれません。

三谷　それは非常に重要な問題です。時代のコンテクストを把握することはあらゆる政策決定の大前提です。希少価値のある史料の発掘ももちろん重要ですが、やはり「史料としての新聞」は重要だと思います。ゼミにいた学生で、『朝日新聞』の記者になった人がいます。彼は、いろんな政治家の番記者などやったのですが、なんとやりがいのない仕事かと落ち込んだこともあるけれども、新聞にも史料価値があるということを認識して、自分も歴史を書きつつあるという自覚、新聞記者としての生きがいを感じるようになったと言っていました。

神田　新聞はコンテクストを把握する上で大事ですが、表になかなかでない事象の確認をする場合には日記も重要です。しかし日記には時に嘘もあります。都合のいい証言を残す誘因が存在する中、真贋の目利きはどのように担保されるのでしょうか。

三谷　嘘はすぐバレます。そこは後世に生まれた人間の有り難さで、日記だけではなくて、他の史料と突き合わせて読むことができますから。歴史家の仕事はコンテクストをつくることなので、一つの史料のみに依拠するのではなく、できるだけ広い範囲の史料からコンテクストを構成する、それによってテクストの意味を明確化することが歴史家の務めだと思います。

先ほど触れたフランスの敗戦に関して、一九四〇年にフランスの作家・文芸評論家のアンドレ・モーロワがフランスの敗因を分析した書物を出版し、それがドイツの同盟国日本でも『フランス敗れたり』という題名で翻訳されて読まれ、当時の日本でベストセラーになるのです。今でも日本で読まれているらしいのですが、小林秀雄が当時の新聞に書評を書いています（『朝日新聞』一九四一年一月二八—二九日）。これがなかなか面白く、「本当の話だけ寄せ集めて、嘘の歴史を作ることも易しいのである」と。時局に便乗しない非常に否定的な評価で、さすが小林秀雄だなと思いました。

神田　本日は多岐にわたり極めて貴重なお話を拝聴させて頂き、誠に有難うございました。

（この対談は平成二八年八月二五日に収録された。）

Ⅲ　吉野作造と現代

1　吉野作造の学問的生涯

対談者　岡　義武

一　吉野における啓蒙の意味

三谷　私が吉野作造について書かれたものを読んでいて、目に触れた限りでの印象は、啓蒙的政論家、あるいは大正デモクラシー運動のイデオローグというイメージでとらえたものが圧倒的に多いのではないかと思う。私はその通説にとくに異を唱えるわけではなくて、思想家としてのスタイル、あるいは表現方法において、啓蒙的政論家の性格が強いと思う。とくにこれは解説（『日本の名著』第四八巻「解説」）にも書きましたけれども、海老名弾正《だんじょう》の宗教的伝道方法の影響を強く受けたために、それを政治・社会現象に適用して、政治的伝道、あるいは社会的伝道・学問的伝道というスタイルをとったということは、非常に特徴的なことだと思います。これは直接間接にキリスト教の影響を受けた明治・大正の社会主義者の場合にもいえることで、明治の場合には社会主義伝道という言葉がよく使われましたが、伝道というスタイルをとったという点で、たしかに啓蒙的政論家の面が強かったということはいえる。

ただ、啓蒙的政論家といわれる場合に往々にして連想される、すべてを現在の観点からみて、過去は闇であり、未来のみに光があるという啓蒙主義の考え方とは、かなり違ったものではないかという感じがするんです。つまり啓蒙的政論家であっても、歴史離れした啓蒙的政論家ではなくて、歴史主義的な観点というものをもっていた点は、吉野作造の場合の一つの特徴ではなかったかということです。

つまりそれは具体的にいえば、ものをみる場合に現在の観点からのみみない、むしろものを発展においてみるという面と、もう一つはものを歴史的な個性においてみるという面と、その二つの面において歴史主義的な観点が強かったと思う。とくにものを発展においてみるという場合でも、吉野作造は単線的な進歩という点からみるのではなくて、いわば弁証法的な発展においてとらえるという点に特徴があったと思う。その結果として歴史における逆説をとらえる視座をもっていたと思う。吉野作造の若い時代において支配的であったスペンサー的な歴史観とは違ったもので、これは吉野作造がヘーゲルの影響を受けたというところからきていると思います。

もう一つは啓蒙的政論家という場合に、よく連想されるのは、現実的なものに奉仕するという面だと思いますが、しかし吉野作造の場合には必ずしも現実への奉仕ということだけではなくて、また、もっぱら「世界の大勢」によって自己の立場を正当化するというだけの立場ではなくて、むしろ「世界の大勢」そのものを創り出してゆかなければならないという姿勢があったと思う。そういう二つの面からいって、吉野作造は啓蒙的政論家ではあるけれども、しかしそれをそうであるといいきる場合には、いろいろな留保条件をつけなければならないのではないか。

吉野作造が『中央公論』の大正八（一九一九）年一二月号に発表した「対外政論の諸派」という論文

のなかで、当時の対外政策を論ずる場合にどういう立場があるかということをいろいろあげて分類して、理想派と現実派と大きく分けて、理想派のなかにも瞑想的理想派と科学的理想派とがある。また現実派のなかにも科学的現実派と瞑想的現実派とがある。そして科学的理想派を定義して、「今日の国際関係を科学的方法に基いて研究し、其研究の結果理想の支配を信じ、又理想の将来に於ける実現乃至《ないし》発展を信ずる立場である」と規定している。これは自分自身の立場をいい表したものだと思うけれども、これは単にこの時期の対外政策に関する彼の立場ではなくて、およそものをみる場合、あるいはものを分析し、評価する場合の吉野の立場が、「科学的理想派」という言葉のなかに、よく出ているのではないかと思います。私の解説も、「科学的理想派」といわれる吉野の立場が、具体的にいったいどういうものであったかということを、全体としては描いたつもりです。

岡 いまいわれた現実への奉仕は、現実への追随ということでもあるということですか。

三谷 これはとくに第一次大戦後、世界全体が滔々《とうとう》としてデモクラシーの方向に流れてゆく、そういう時流にいわば追随し、順応して彼のデモクラシー論が出てきたのだという解釈・評価があるわけですね。それは現在あるのみならず、その当時もあったんですね。しかしそれに対して、彼は非常に反撥しておりまして、「理想的政論の立脚地を指して瞑想といひ、理想的政論の世界的大勢に順応せんとする立場を指して盲従といひ、甚だしきは亡国的と罵る。而して彼等は頻《しき》りに対外問題に対する自主的態度を高調力説するけれども、彼等は世界の大勢は或《ある》意味に於て実に我々が自主的に造る所であることを知らざるのみならず、世界の大勢と相渉《わた》らざる特殊の方面を固執することが即ち自主的だと心得て居る」と述べております。

ですから、この時期において吉野のデモクラシー論は大勢追随なんだという評価もあったと思う。しかしそういう大勢追随と解釈していいものかどうかということに疑問を感ずるわけです。

岡 啓蒙的な思想家とか評論家は、現実に奉仕するものということにもなる。

三谷 そういう場合も往々にして実際にはあると思う。つまり啓蒙思想家の場合には、現実志向的ですから、現在の立場から、すべての価値判断をやってゆくという傾向をまぬがれない。そういう点からいって、現実奉仕であるといわれうる面もあると思う。

岡 先生は一面啓蒙的評論家であったし、啓蒙主義的な歴史観をもっておられたと思う。しかし啓蒙主義というのは本来、合理主義で、非歴史的ですね。そういう面も先生にはあったが、先生のなかには簡単に啓蒙的歴史家であるというふうに片づけにくいものがあり、歴史主義的な観点も入っている。そこで、そういう啓蒙主義的な観点と歴史主義的な観点とが、どういうふうに結びついていたのかということが、先生を理解するいちばん大きな点になると思う。

三谷 啓蒙主義的な観点というのは、一つは歴史を扱う場合に、吉野先生は歴史のなかから教訓を汲みとるという面もあったと思う。「憲政の本義を説いてその有終の美を済《な》すの途《みち》を論ず」のなかにそれがはっきり出ているけれども、つまり吉野先生のいわれる民本主義がうまくいっている例と、うまくいっていない例をあげておられますが、うまくいっている例としてアメリカ合衆国をあげている。それに対してうまくいっていない例としてメキシコをあげている。先生には「墨西哥《メキシコ》紛乱の今昔」という『国家学会雑誌』に出た論文がありますが、あの論文を読むと、結局、民本主義がうまくゆくためには、どういう条件が必要かということを歴史的な例に即して探ってみたいという意図がある。その意味で歴史のなかから教訓を汲みとるという面はたしかに強かったと思いますね。

岡　ぼくが学生で、先生の講義を聞いたときもそうでしたね。西洋・日本の政治史上の特殊問題を取り上げて話される。最後に、しめくくりに、そういう歴史的事実からどういうことをわれわれは学びとるかということになって、最後は話は政治学的な命題・法則に収斂《しゅうれん》されるのが、常でした。

二　吉野の講義

三谷　岡先生がきかれた吉野先生の講義はどうでしたか。

岡　ぼくが大正一二年に東大に入って、最初にきいた講義の一つが先生の講義でした。当時は政治史は一講座しかなかった。講義は、週に二回で、一回は日本、一回は外国、その外国は、ヨーロッパが主でしたけれども、中国もふくまれました。いくつかの特殊な問題を取り上げてやられた。先生は学年の初めに学生に断わって、以前は、たとえばヨーロッパについてフランス革命ぐらいから後を順を追って話したことがあるが、途中で学年が終わってしまう、それでは残念だから、重要な問題を取り上げ、それを中心にそれに連関させていろいろとしゃべる、そうすると、一学年経つうちには、近代政治史のあらましには触れることになるだろう、そういうやり方をする、といわれた。ですから、始められた講義は時代を追ったようなものではなくて、いわば計画的脱線なんです。（笑）先生には「体系的でない」ところがありました。そして評論は別として、体系的な論文を先生はあまり書かれなかった。西洋文化の近代日本に及ぼした影響をいろいろな面について研究するというのが、先生の大きな目標でした。その方面のもっともまとまった研究として「我国近代史に於ける政治意識の発生」があります。しかし、それは自分のその方面の研究の序論のまた序論であると書いてある。それが逝去により最後のものになってしまった。

三谷　あれはそれまでの研究成果の集大成ですね。

岡　そうです。

三谷　学生の間の人気はどうだったんでしょうか。聴講者も多かったんでしょう。

岡　みな非常におもしろく聴講していたようです。しかし政治学科の講義ですし、ぼくらのころの法学部政治学科の学生は、定員一学年六五〇人のうち一五〇人内外でしたから、教室も中教室ぐらいで、大きくなかった。

三谷　吉野先生はお話が上手なほうですか。

岡　いわゆる名調子の講義ではありませんでした。座談的で、しかし、たいへん明快な講義だったと思います。先生が提示される歴史的事実と、またそこから出される結論が、学生にとっておもしろかったということで、とくに話術に魅せられたというのではなかったと思います。

三谷　講義の内容としては日本・中国のほうにウェートがあったわけでしょうか。

岡　ぼくの最初に聴講した年度は、とくにそうではありませんでした。しかし、ぼくが入学した大正一二年ごろは、先生の研究はすでに「明治文化」の研究が中心になっていたわけで、ぼくは先生の講義がたいへんおもしろかったので、翌年、次の学年の講義を聞いたら、講義の内容がまったく変わっていて、日本の旧憲法のもとにおけるいろんな制度――内閣・衆議院・貴族院・枢密院・軍部など、そういうインスティチューションズの一つ一つをとって、それらの変遷、また演じてきた歴史的な役割を説明して現在に及ぶ講義で、歴史的背景に重点を置いた日本政治論で、たいへん興味がありました。ぼくが二度目に聴講したときは、そのようなわけで日本だけに終始しました。(『吉野作造政治史講義』岩波書店、二〇一六年参照)

三谷　大きな変化があったわけですね。(この講義内容の大きな変化があった過程で生まれた枢密院論「枢府と内閣」が朝日入社後新聞紙面に掲載され、吉野の退社をもたらす筆禍事件を引き起こした。)

岡　その次の学年は知らないのですが、ずいぶん変わったわけです。ただし外国史の研究は日本のことをやる場合にたいへん役立つと先生は考えておられました。

三谷　大正一三年二月に吉野先生は東大をおやめになったですね。

岡　ぼくの一学年の途中でした。途中でやめて東京朝日新聞社に入られたのですが、講師として講義はずっとその後も続けられました。朝日におられましたのは御承知のように短く、じきに退社されました。大正一五年の春、いまの研究室が完成しました。そのときに、吉野先生にはその一部屋が提供されました。そういうわけで、講師になられても、大学での先生の研究生活には変化はなかった次第です。

三　吉野の研究指導

三谷　岡先生は大正一五年に大学を御卒業になって、政治史の助手としてお残りになって、そのときから吉野先生との個人的な接触が始まったわけですね。最初に政治史を研究してゆくについて、何か吉野先生がとくに指示を与えられたということはございませんか。

岡　それは、まずもっぱらヨーロッパの政治史を勉強したらいい、といわれました。その理由としては、日本のことをやり出すと、日本については根本史料に容易に接することができる、しかし、外国史はそうはゆかない、だから、つい日本のほうがおもしろくなって、外国史をやらなくなってしまう、外国史の知識をもって、日本の歴史をみるということは意味があるから、その意味でさきにヨーロッパの歴史を勉強したらいい、そして四〇ぐらいになってから、日本のことを始めたらいい、といわれたんです。その後ぼくが四〇になる前に、先生は昭和八（一九三三）年に亡くなられたけれども、亡くなられる一、二年前に、日本のことをやりたいと思い、そうお話ししたら、先生はそうか、それではそろそろやりますか、といわれた。しかし、その後、先生は御病気でしょう。そして亡くなられた。ぼくは吉野先生から、ついに日本の政治史の研究について指導を受ける機会をもちえませんでした。

それで、ヨーロッパ史を勉強するとして、政治史の勉強を始めるにはまず何を読んだらいいでしょうか、とお尋ねしたら、セニョーボス（Charles Seignobos, 1854〜1942）の *Histoire politique de l'Europe contemporaine* がいい、その英訳 *Europe since 1814* が、明治堂にある、店に入って、どの棚の何番目にあるから買ってきたまえ、あれを読むといい、といわれました。そして、それを読んでいて、おもしろい問題があったら、それをさらに勉強したらいい、たとえばイギリスの部分を読んで、アイルランド問題をおもしろいと思ったら、アイルランドのことを調べたらいい、といわれました。

三谷　そういう意味では具体的な指針を与えられるわけですね。

岡　ぼくは明治堂へ行ったら、その場所にちゃんとあったので、驚きました。（笑）

四　教官食堂の吉野

三谷　研究以外の分野での吉野先生の印象はいかがでしょうか。

岡　それはわりになかったですね。先生は何か相談があったら、研究室のぼくの部屋に来たまえ、家だと客が来たりして落ち着かないからというお話であった。では先生の研究室はどうかというと、やっぱりお客が来るのですがね。研究室では学問以外の話はできないし、先生もただの雑談は好まれなかったし、したがって、先生のプライベートの面に接する機会はありませんでしたね。

研究ともいくぶん関係ありますが、太平洋戦争になるまでは、教授・助教授は、山上会議所（現・山上会館）いわゆる御殿で昼、会食する。法学部はわりに出ました。三列に並んだ長いテーブルの中で、入口に近い一列はいつも法学部が占領する形でした。長老教授から助教授まで割合に多数が昼は「御殿」に来たのです。上座には長老の先生たちが座り、下座には若い人が座る。自然とそうなっていて、だれの席ということはない。みんなは一二時ごろに集まりますが、吉野先生はたいてい一二時を大分過ぎて、みんなが食事が終わろうとしているころにやって来られる。どこに座るかというと、無造作に長いテーブルの一番はしの方に来られる。そこで、ぼくたちなど若い者がおおいそぎで椅子を寄せあって先生のために席をつくるのが、常でした。

三谷　大内兵衛先生が『故吉野博士を語る』という追悼文集の「ある距離に於ける吉野先生」でそのことを書いていますね。

岡　先生は上のほうには座らず、いつも無造作に末席につかれた。

三谷　大内先生の表現によると、どこでもいいやという感じで、無造作に座った。

岡　先生が席につかれると、近くの若いみんながいろいろと質問を始める。そのときどきの政治・外交問題について。そこで先生を中心に一時ぐらいまでにぎやかに話がはずむ。それはいつでもそうでしたね。先生の政治評論をいろいろうかがったのです。そういう昼の食卓のことで、たいへん印象に残っていることの一つは、昭和六年満州事変が起こったときのことです。ぼくたちには満州事変は青天のへきれきのようでびっくりした。軍部が起こしたということも、おのずから伝わってきた。たいへんなことになった、軍部は実にけしからん、なんということをしたのか、ということであったわけです。そこで、食堂で吉野先生にみないろいろと質問したのです。しかし、そのとき先生は、過去の陸軍が満州でやったいろいろな陰謀・謀略のことを話され、満州事変のようなことを軍が起こしたのは常套手段を大規模に用いたともいえる、さして怪しむに足りない、いまさらそれほど驚くほどのことでもない、とじゅんじゅんと説明されました。そのときの先生の冷静な話しぶりは、いまにふかく印象に残っています。

それからね、ぼくが助教授になったのは、昭和三年で、満州事変の前ですが、政党政治がまったく腐敗していて、そのなかでぼくらは無産党の将来に期待をかけていた。やはり昼の食堂でぼくらの一人が無産党に期待したいというようなことをいったところ、先生はそう一概に楽観できないといわれ、無産党の人々は、口では政府に楯ついて政府と徹底的に対立しているようにみえるが、総理大臣に肩を叩かれて、総理官邸に食事に来ないかといわれたら、喜んで行く連中があのなかにもいるのだ、といわれた。のちに満州事変以後の無産党の動向をみて、先生のこの言葉を幾度か思い浮かべたことでした。

三谷　そういう点はリアリスティックですね。

岡　非常にリアリスティックです。

三谷　概して若い助教授の間では吉野先生は人気があったわけですね。

岡　そう、みんな先生にいろいろな質問をし、いろいろと教えられました。そして、おもに昼の御殿の食堂がいわば「教室」でした。先生は『中央公論』その他で政治評論をされましたが、それは新聞記事によって時事評論をされるのでなく、いろいろと努めて情報を集めて、それを基礎に政治評論をされました。ところがそれでも時に事実について間違うこともある。「吉野先生は『中央公論』にこういう評論を出しておられるが、この問題にはこういう事情もあるので、そのことを先生に伝えてくれ」といわれたことがありました。御殿で食事のとき先生に話したところ、「自分の評論は、現実の政治自体の批判になっていなくてもいい。もしこうだったらこうであろうという、シュールバイシュピール（範例）としていっているのだから、事実について正確なほうがいいにはちがいないが、違っていたからとて、自分の評論はそれなりに意味があると思う」といわれました。先生は内務省その他にいろいろと相当広く情報源をもっておられたようです。ともかく、政治評論には、それなりの準備と努力とが要るのではないでしょうか。

岡　先生の詮索好き、丹念なところが政治評論にも出ていたようです。

三谷　第一次資料を集めることに努力された、そのために交友範囲も広かったんですね。

五　晩年の吉野

三谷　同僚の先生のなかで、とくに親しかったのはどういう方ですか。

岡　たとえば、中田薫先生（日本法制史）とか穂積重遠先生（民法）とかそうでしょうが、しかしわけへだてなく多くの方々と親しくされていたと思われます。

三谷　小野塚喜平次先生（政治学）との関係はどうだったんでしょうか。小野塚先生は吉野先生にとって学問上の第一の恩人とされていますけれども、小野塚先生のほうでは吉野先生をどうみておられたのでしょうか。

岡　両先生がぼくからいって大先生ですから、小野塚先生からその点について意見をうかがう機会はなかったのです。小野塚先生がアカデミズムに終始されたのに対して、吉野先生は政治評論をされ、ジャーナリズムで幅広く活動され、こういう点、はなはだ違うわけですが、吉野先生は小野塚先生をたいへん尊敬しておられました。

三谷　病気で苦しまれたのはいつごろからですか。

岡　昭和三、四年からでしょうか。肺気腫で、咳が出てたいへんなのです。講義も咳でしきりに中断され途切れて、聞きとりにくかったそうですが、先生のその苦しそうな様子がお気の毒だと語った学生もいました。このひどい咳には先生も相当閉口されたようで、自分には医者にわからない病気があるらしいとぼくにいわれたこともあります。それだけでなくて、医者のいうとおりやっても、ちっともよくならない、もう少し医者のいうとおりやってみるが、それでもよくならなかったら、あとは自分の思いどおりにやる、といわれたこともある。先生は明るいまたある意味で楽天的な方なだけに、先生のその言葉にぼくは非常にいたましい気持ちがしました。それから二、三年経って亡くなられたんです。

三谷　晩年まで研究室はずいぶんお使いになったようですね。

岡　たいへんお使いになったほうですね。夜も相当遅くまで勉強されたようです。先生が最後に研究室の電源スウィッチを切って帰られることもあったようです。宮沢俊義さん（憲法）も夜遅くまで研究室を使っておられたけれども、宮沢さんがある晩、帰るときに、一階の奥にある電源スウィッチを切ったら、「まだ、まだだ」という声が廊下で聞こえる。それが吉野先生だった。爾来宮沢さんは悪いことをしたと思って、その後はスウィッチを切ると、しばらく何か物音が聞こえないか、ドアを開ける人がいないか、じっと耳をすましてから、確かめて帰るようにした、とぼくに話したのを覚えています。先生は日曜日も来られたとのことです。ほんとうにたいへんな勉強をしておられました。学問一路ですね。

六　人間と学問

三谷　吉野先生の資料収集はたいへんなものですね。

岡　先生自身が、熱心に明治関係の古い書物や文書を集め出したのは、主として震災（関東大震災）後だといっておられた。山上御殿で昼の食事をされたあと、午後の仕事を始めるまでの間に、時折り本郷通りの古本屋を回って歩く、といっておられました。古書展にもずいぶん熱心に行かれたようです。ぼくが直接うかがった話ではないが、古本屋に対する一ヵ月の支払が百円を超えた、という。当時の百円は相当でしょう。先生の収集は徹底しており、しかも、片端から読んで、つまらないと思う本は処分され、何らか価値のあると思うものは、簡単な蔵書票を貼って保存することにされた。先生は明治の前期に出た書物について、明治の新聞・雑誌をみて、そこに出ている本の広告をいちいちチェックしながら、どの程度収集が進んだかを確かめられたようです。そういうやり方で調べてみると、不十分なのは財政経済関係のもので、まだ集める余地が大分あると、ぼくに話されたことがあります。

三谷　岡先生が吉野先生から得られた最大のものは何だというふうにお考えになりますか。吉野先生の学問でも思想でも、人間そのものでも。

岡　先生の学問に対する愛ですね。学問へのひたむきの情熱。それから、あとはキリスト教の上に形づくられた先生の立派な人柄。そういう先生を自分の先生の一人にもちえたということを、何ものにもかえがたいほんとうに大きな幸せだったと思います。

三谷　私の感じでは吉野先生にはいろんな面がありますね。民本主義論もあるし、中国・朝鮮論もあるし、明治文化研究もある。そういう個々の面を取り上げてもいいけれども、そういう個々の面を統一する思想、さらに、その思想の根底にある実存的なものを全体としてとらえて評価する必要があるのではないかという気がしますね。とくに学者あるいは思想家としての吉野先生を深く知らない人にとっても人間的な魅力の強かった人ですし、その意味からいっても学問と思想と人間とを結びつけて考えるということが必要ではないかという気がするんです。

岡　ほんとうにそうですね。それだけにさりげなくいわれたことでも、実は深い奥行きをもっている。そういう点は特色でないでしょうか。

（一九七二・五・一七　東京紀尾井町・福田家）

2　戦後民主主義は終わらない
――吉野作造の遺産を引き継ぐために――

対談者　樋口　陽一

一　吉野作造についての思い出と「憲政の本義」

樋口　昨年二〇一五年は戦後七〇年、そして来年二〇一七年は憲法施行七〇年です。その二つの七〇年に挟まれた二〇一六年という視点で、ここ数年の状況と戦後民主主義をどう見るかというのが本日の対談のテーマです。私自身が問題意識として持っているのは、三谷さんが最近出された二冊のご著書、『学問は現実にいかに関わるか』（東京大学出版会、二〇一三年）と『人は時代といかに向き合うか』（東京大学出版会、二〇一四年）のタイトルに示された通りです。学問と現実の政治との関係、そして、学問をしている人間を含めた市民と時代の関係です。

今年はちょうど、一九一六年に刊行された吉野作造の「憲政の本義」論文から一〇〇年です。まずは吉野の重要性を糸口に話を始められればと思いますが、いかがでしょうか。

三谷　そうですね、吉野作造と言えば、樋口さんも私もそれぞれの吉野体験を持っています。まずは、その体験に由来する吉野作造観について、お互いに述べましょうか。

私の吉野作造体験というのは、まったくプライベートなことです。私の父親は昭和四（一九二九）年に東大法学部に入り、法律学科の学生だったのですが、吉野作造の晩年の法学部での講義を聴講した学生の一人でした。法律学科の学生ですから、そんなに熱心に聴いたとも思えないのですが。私自身は大学に入った時には、政治学者になろうとは思っておらず、父親が弁護士をやっていたので、弁護士の家業を継ぐことをまず考えていました。ところが、いろいろなことがあって自分の志望を変え、政治学、それも日本政治史・日本外交史を研究しようと意思を固めて、父親にそのことを話しましたら、父親はやや期待に反したようで、政治学なんかやっても将来生活していけるのだろうかという率直な疑問を出したわけです。どういうことをやるつもりかと聞かれ、日本政治史をやりたいと思っていると言いましたら、それは吉野作造さんがやっていたあの講義かと言うので、そうだと返事しました。父親は、おそらく入学した年の昭和四年の講義を聴いたと思われます。吉野の日記を見ますと、この年の吉野は体調がよくなかったようで、父親の記憶によると講義中に咳で中断することも度々あったようです。父親は吉野の講義を思い出した時に、ああ、あの講義は面白かったな、ああいうことを研究するなら面白いかもしれないと言いました。吉野はヨーロッパ政治史・中国政治史・日本政治史の三種目の政治史を講じましたが、父親が聴いたのは日本政治史だったようです。いずれも「民本主義」の発展が重要なテーマであったと思います。そういうことがあって、吉野に対しては今日の自分につながる個人的な親近感を持っています。

樋口　私の個人的な吉野作造の思い出と言いますと、私は旧制仙台一中が制度改革によって仙台第一高等学校になって最初の入学生なのですが、今でもよく覚えているのは、校長室に吉野作造と初代校長の大槻文彦を中心に寄せ書きをした古びた額が掲げてあったことです。吉野作造は旧制一中第一回入学生だったのです。大槻文彦は、『言海』という日本最初の本格的な国語辞典を編纂した国文学者で、仙台藩の蘭学者の家系です。

額の真ん中には開校以来の校訓「自重献身」の四文字がありました。私は「自重」という言葉をおとなしくしていろという意味ではなくて、文字通り、自らを重んじるという意味に受け取っていました。自らを重んじ世のなかのために尽くしなさい、と。そういう自重献身の校風にふさわしく、この学校は戦時中も、相対的にではありますがリベラルな雰囲気を守っていました。戦時中にかけて長く校長をしていた小平高明は、通学にゲートルを履かせなかった。これは合理的なことで、発育途上の少年の足をゲートルで縛るのは体育上よろしくないからだというエピソードを聞きました。そういう伝統の空気のなかで少年期を過ごし、私と同期だった井上ひさしは、吉野作造についての『兄おとうと』という戯曲を書き、それは今も繰り返し上演されています。

私が入学した当時の仙台一高は、桁外れに自由な校風でした。大槻文彦の作詞による校歌のなかにも、矩《のり》をば踰《こ》えずまもるべし、という歌詞がありました。それは、学校はおまえたちに矩（規則）を押し付けない、おまえたち自分自身で自分の矩を作れということだと理解しました。そういう経験が井上ひさしの仕事ぶりに現れていると思いますし、さらに一年上の菅原文太がその後半生を現在の政治の流れに抗するさまざまな働き掛けのために費やしたことにも現れているのではないでしょうか。

三谷　吉野と戦後民主主義に関連して申し上げると、私が前から考えているのは、歴史上日本の民主主義と言われるものは、戊辰戦争から西南戦争、日清戦争、日露戦争、第一次世界大戦まで含めて、すべてそれぞれの戦争の戦後民主主義と言えるのではないかということです。そういう意味では、吉野作造は、日露戦争および第一次大戦の戦後民主主義——普通は大正デモクラシーと言われていますが——を先導した人物であるということは間違いのないことではないかと思います。

どういう意味で先導したかというと、先ほど樋口さんから話が出たように、吉野は『中央公論』の一九一六（大正五）年一月号に「憲政の本義を説いて其有終の美を済すの途を論ず」という大きな反響を呼んだ論文を書き、そのなかで民本主義というものを主張しました。民本主義とは、吉野の言葉で言い換えると、いわゆる憲政の本義、立憲主義に基づく政治だというわけです。憲政の本義が何を意味するかというと、当時、世界に近代憲法と言われるものがいくつかありましたが、議会制、権力分立制、そして人権の保障という三つの条件を備えた近代憲法に基づく政治を憲政の本義とし、これを民本主義と呼んだわけです。当時の明治憲法も曲がりなりにも近代憲法が備えるべき三条件を備えていたわけであり、明治憲法下の立憲主義に基づく政治を、吉野は民本主義という形で説いたと言ってもいいのではないかと私は思っています。

吉野の民本主義は今問題になっているアジア太平洋戦争の戦後民主主義と深い歴史的な関連があると私は考えています。簡略化して言うと、吉野作造の唱えた立憲主義に基づく民本主義が、敗戦後の日本の政治体制の出発点をなしていると言えるのではないかと思います。というのは戦中、議会の多数派はもちろん翼賛会派であったわけですが、政治的少数派としての反翼賛会派もあったわけです。戦後になって新しい政治体制を作る時に、戦中の多数派ではそれを作ることができなかった。結局、議会の反翼賛会派、政治的少数派の登場を待たなければならなかった。その政治的少数派の思想的な結集の核になったのは、私は吉野作造の民本主義だったと思っています。戦後の保守派は多数派を結成するだけの力はなく、どうしても旧無産政党をリードした少数派を、当時の言葉で言えば中道連立派として擁立せざるを得なかった。日本経済を復興するという意味でも、労働組合をコントロールする力量がなければ、戦後政治は担えなかったわけです。その労働組合をコントロールし得るリーダーは、結局、戦前・戦中の吉野作造の影響を受けた労働運動のリーダーです。西尾末広、松岡駒吉らがそれでした。吉野作造の影響を受けた片山哲、芦田均らの少数リベラルと労働運動のリーダーとが結束することなしには、戦後日本の政治は作れなかった。そういう意味で私は、大正デモクラシーを先導したイデオロギーが、いま考えられている以上に戦後の政治に大きな役割を果たしたのではないかと考えています。

樋口　ところで吉野作造と戦後政治に関連して、吉野と憲法学者の鈴木安蔵のコンタクトについて何かご存じのことがあれば教えていただけますか。二人は直接には何度かしか会っていないようですが。ご承知のように、鈴木安蔵は戦後、民間の立場で憲法草案のための研究をしていた憲法研究会のなかで、唯一の憲法学者として重要な役割を果たしました。ＧＨＱは憲法研究会が作った「憲法草案要綱」に強い関心を持っていましたし、カナダの外交官で日本史研究者のハーバート・ノーマンは日本に着任した後、鈴木安蔵の世田谷の家を訪問している。

労働運動や無産政党の系譜が戦後民主主義の出発期に不可欠な要素であったこととは別に、鈴木安蔵の場合は、具体的な憲法起草という面で日本国憲法と知的なつながりがあり、それは吉野からつながっているると言えるのではないか。アカデミズムを中心とした政府の憲法問題調査委員会では、ついに現行の日本国憲法に相当するような憲法草案は作れなかったこととも関連して、これは日頃感じていたことです。私は晩年の鈴木安蔵と研究会などでご一緒していたのに、そのことの詳細を聞き損なったことを残念に思っています。

三谷　鈴木安蔵と吉野作造は、明治文化研究という同じ研究上の関心がありました。鈴木は吉野が中心となってつくった明治文化研究会のメンバーでした。もちろん鈴木の方が後輩ですが。明治文化研究というのは単に趣味的なものではなく、原資料の発掘から始まって『明治文化全集』全二四巻に結晶するような、学術的な価値の高い研究でした。吉野は「明治文化の研究に志せし動機」というエッセイを大正一五（一九二六）年に書きますが、それによると、日本の政治の原点である明治を明らかにすることは、大正の政治を考える上でも大きな意味があるのではないか、という問題意識です。その関心を共有していたのが鈴木安蔵だと考えてもいいのではないかと思います。ただ、民本主義の立場を生涯固守した吉野とマルキストであった鈴木との間には思想的立場にちがいがあり、特に吉野の没後の戦中の鈴木の言論には状況の変化の中で大きな振幅がありました。この点では鈴木は戦中『大アジア主義の歴史的基礎』を書いた平野義太郎などと同じです。

現在宮城県大崎市にある吉野作造記念館に昭和八年一月七日付の鈴木安蔵宛の吉野のハガキが保存さ

れています。「貴兄に御目に掛りたくなりました」と書かれたハガキで、明日一月八日の午後二時頃から五時頃までの間に、仕事場の「お茶の水文化アパートメント」に足労願いたいという文面です。吉野は一月一一日に入院し、その後逗子のサナトリウムに転院した後、三月一八日に亡くなりました。鈴木宛の吉野のハガキは吉野が死出の旅に出る直前に書かれたものということになります。

ところで、吉野作造は明治一一（一八七八）年生まれで、吉田茂と同年の生まれなんです。吉野は戦前から吉田の妹の夫である法制史学者で東大法学部の同僚であった中田薫を通じて吉田茂をよく知っていて、明治末にヨーロッパ留学中、中田とともに当時ローマの駐伊大使館三等書記官だった吉田を訪ねたことをうかがわせる記事が日記にあります。しかも知る機縁の一つになったのは『明治文化全集』です。吉田茂の父親の竹内綱《たけのうちつな》は、板垣退助らと同じ土佐の出身で、自由民権運動のリーダーの一人でしたが、西南戦争に関係して投獄された竹内綱の獄中記を『明治文化全集』に収めることになった。収録にあたって吉田茂に便宜を図ってもらったということが『明治文化全集』の解題にも書いてあります。当時吉田は不戦条約の締結に当たった実務責任者の外務次官でした。

吉田茂が戦後あのように活躍したわけですから、年代的には吉野作造が違う分野で活躍したとしても不思議はないんです。亡くなったのは五五歳で、今の標準から言えば若いですね。

二　ポツダム宣言にみる「民主主義的傾向の復活・強化」

樋口　吉野の「憲政の本義」論文のタイトルには「有終の美を済すの途を論ず」とあります。吉野も、憲政の本義の実現がそう簡単に済む話ではない、長いプロセスが必要だという趣旨のことを言っています。その後事態が反転して、日本はご承知のような戦争の歴史を経験することになりました。改めて「有終の美」に取り組むのが戦後の再出発だということになります。

戦後民主主義は、ポツダム宣言の言う「民主主義的傾向の復活・強化」が課題です。復活・強化とは、ある意味では、三谷さんがさまざまなご論考で指摘している重臣リベラリズムをいかに克服して戦後デモクラシーを築いていくかということです。私のように憲法を研究している人間から言うと、復活という点ではまず議会制のことが考えられます。戦前、経験としては短かったとしても、政権交代はともかくも経験しています。議員たちも果敢に論争し、議会内外で明白な政治闘争を経験していた。ですから、復活すべき議会制はあるのです。

復活と言えばもう一つ、帝国議会の外も含めて政治に関与し、また批判する人びとがいました。それは別々の人が行う場合もあるし、同じ人間が状況に応じて建設的な役割と批判的な役割を意識的に選び取って言動をする場合もある。いずれにしても、権力を抑制するしっかりとした知の遺産はあったはずです。

強化と言う場合は基本権の問題ですね。明治憲法典のテキストは「臣民」の権利と言っている。それでも伊藤博文のよく知られている発言に、君権を制限し、臣民の権利を保全するのが憲法を設ける意味なのだという言葉があります。少なくとも立憲主義の建前は明治藩閥政府の指導者たちにも認識されていた。いま政治に携わっている人たちの認識より行き渡っていたとすら言えるでしょう。

ただし戦前は、人権という言葉の使い方は限定的でした。帝国議会でも政府に対する攻撃の場面で、刑事事件などに関連して人権蹂躙という言葉が結構使われてはいた。しかし、今日われわれが言う意味での人権という考え方が、建前としてであれ、広く受け入れられていたわけではありません。日本国憲法における人権は、憲法一三条に言う「個人」なるが故というもので、これこそが「復活・強化」のうち、強化のキーポイントだっただろうと私は思っています。もちろん人権の問題は、国会の周辺だけで済む話ではなく、社会経済的な構造が伴わなければいけない。そういう意味では、農地改革、財閥解体、労働運動の解放、女性の解放という、四つの大きな改革が土台となって基本的人権を強化し、さかのぼって個人の尊重を行うことがめざされた、というのが戦後の出発点についての私の認識です。

三谷　今言われたポツダム宣言は、去年（二〇一五年）発表された安倍（晋三）首相の戦後七〇年談話のなかでも、それを支えた有識者懇談会の報告書のなかでも、取り上げられていませんでした。安倍首相にとっては、ポツダム宣言は負の価値しか持たないという評価だと思いますが、それにしても、ポツダム宣言には当面の政治的意味をこえた普遍的意味があり、戦後政治の出発点になったことは間違いない事実ですので、これをどう評価するかが、ほとんど取り上げられなかった——全然取り上げられなかったと言っても言い過ぎではないと思います——のは、戦後七〇年を否定するにしても、談話としてはまったく無意味ではないかと感じました。

ポツダム宣言に書かれた「民主主義的傾向の復活・強化」について、当時これを起草したアメリカ側がどういう歴史的な現実を念頭に置いていたかというと、私がアメリカ側の資料を見た限りでは、明らかに大正デモクラシー期の日本の民主主義的傾向の復活・強化という意味なんです。ポツダム宣言の原型が起草されたのは、一九四五年の五月でした。東京の大空襲が三月一〇日に、続いて五月二五日にありました。アメリカは後者のタイミングを捉えて、日本側が非常に憂慮しているであろう「無条件降伏」が一体何を条件にしているのかという、無条件降伏の意味を、五月二五日の大空襲から日を置かずに大統領声明として提示するのが戦争終結を早める上で重要だと考えました。その大統領声明案が後のポツダム宣言の原案になるんです。

当時アメリカ国務省では、戦後を予想して、対日政策の立案をやっていましたが、その立案に携わっていた一人にユージン・ドゥーマンという元駐日大使館参事官で、戦中国務省でジョセフ・グルー国務次官（元駐日大使）を補佐していた日本専門家がいます。ドゥーマンがポツダム宣言の原型となる大統領声明の草案を起草したんですが、そのなかでは、やはり民主主義的傾向の復活・強化という言葉が使われています。その文章を発表することをめぐって、当時アメリカ政府の内部で軍事当局者も交えて、協議をしました。

その協議を主宰したのが陸軍長官だったヘンリー・スティムソンで、スティムソンはマンハッタン計画といわれた原爆開発計画の主宰者でもあった。原爆開発計画は、アメリカ政府の極秘事項ですから、そのことを知っている者はあまりいなかった。原爆と降伏条件提示（「立憲君主制」の維持を含む）のどちらを優先するかは重要な政策決定でした。当時アメリカ政府は、マーシャル陸軍参謀総長ら軍事当局者の意見に従い、原爆開発を優先させたのです。大統領声明案は一九四五年五月の時点では発表されませんでした。その旨の決定が行われた直後に原爆投下の決定が行われたのです。

スティムソンが民主主義的傾向の復活・強化と言う時に念頭においていたのは、政党内閣期の日本のリーダーでした。大統領声明案の協議が行われた席でスティムソンは浜口雄幸、若槻礼次郎、幣原喜重郎らの名前を具体的に挙げ、彼らは世界のリーダーたちに伍していけるだけの力量を持ったリーダーだという非常に高い評価をした。復活・強化すべき民主主義的傾向というのは、そういう人びとに具体的に現れていたような傾向ということですね。

樋口　ＧＨＱの憲法草案が日本政府の案として公にされ審議される一連の経過のなかで、美濃部達吉は最後の枢密院本会議を欠席しました。それから佐々木惣一は帝国議会の貴族院で堂々たる大演説を行いました。二人ともまさに、大正デモクラシー、政党内閣時代の日本を復活させることがまず大事だという認識でした。そのとき沈黙していた人たちを代弁する形で「押し付けられた憲法」という言い方を七〇年繰り返している経緯は、本当に知的な退廃だといつも思っています。

さかのぼって、ポツダム宣言は、日本が主権国家として行った選択なのです。私は敗戦時に一一歳でしたが、一億総玉砕と言われていましたので、子ども心にもいずれ死ななくてはいけないと思っていました。しかし、日本は一億玉砕を避けてポツダム宣言を受諾するという主権国家としての選択をしたのです。だから、もちろん日本はポツダム宣言に拘束されるけれども、連合国も拘束されていたのです。ハーグ陸戦法規に、占領者は占領地に外国の法令を押しつけてはいけないと書いてある、と言う人が七〇年間絶えませんが、あれは一九世紀の条約で、当時の国際法の人たちが言う戦時占領のことです。ポツダム宣言によって行われたような、主権国家同士の合意によって占領するというカテゴリーはなかったはずです。戦時占領の場合に、戦地を占領してそこを治めている占領者が勝手に法令を変えることは、支配形態を永続させることですからしてはいけないと定めているのが陸戦法規です。こういういろいろな思い違いが繰り返されています。

「八月革命」という説き方をした宮沢俊義は、日本は主権国家としてポツダム宣言の受諾を選択してしまったのだから、現実を冷たく見なければならない、と貴族院で言っています。八月革命と言っても、決して革命万歳というような捉え方ではなく、その反対で、ポツダム宣言受諾という国家としての選択をしてしまった上で、どのような国家の基本法を作るのかということを冷静に考えようではないかと主張したのです。八月革命論というのは非常に甘い説だという議論を政治論壇レベルではよく聞きますが、そうではなくて、冷たい現実から出発しようというものだったのです。

ついでに言うと、宮沢は、岸政権下で内閣の憲法調査会が発足した時期に、法律雑誌に書いた論説のなかで憲法の「うまれ」と「はたらき」という言葉を使っています（宮沢俊義「憲法の正当性ということ」『ジュリスト』一二一号、一九五七年）。この論文で宮沢は、今どき「うまれ」を問題にするのはよろしくないと言って、法の下の平等を読者に思い出させるようなレトリックを使って書いています。つまり、大切なのは「はたらき」の方だということです。

憲法の「うまれ」のことを考えると、ドイツ連邦共和国基本法（一九四九年）という、基本法という名前の憲法が生まれる時点では、ドイツ国は存在していなかった。存在していたのは、英米仏という三ヵ国の軍政長官が管理していた三つの地域だけでした。もちろん東は別としてですが。あの基本法は、「ドイツ国民は」という書き出しになっていますが、憲法ができた瞬間には国民はまだ存在していなかった。もっと古典的な例を言いますと、フランス革命の最初の憲法、一七九一年憲法にいたっては、一七八九年に憲法制定国民議会ができた当時は身分制三部会しかありませんでした。その第三部会が、これからわれわれは国民議会と称すると自ら宣言して国民という字を初めて使ったのです（Assemblée *Nationale* Constituante）。そういうことに比べれば、日本国憲法が成立した時には、主権は占領当局GHQが握っていたけれども、日本国政府はともかくも存在し、外務大臣の職すらあった。そのような客観的な事実についても、私たちは自分の目や耳で確かめることが必要ではないかと思います。

三　憲法へのコンセンサスと緊急事態条項

樋口　私は憲法研究者として、戦後憲法のありよう、そして自国の事柄について批判的であることの意味を重んずる立場で議論してきました。その一方で、国外に向けては七〇年間の日本の憲法状況を客観化し、比較憲法史あるいは憲政史の一類型として日本はこれだけの意味を持っているということを言ってきたつもりです。

いくつか挙げますと、第一に五五年体制は一党支配ではなく、派閥という名の中小政党の間における政権交代であったと言ってきました。一見すると政権交代の不在と見られる日本の状況の内実を、私はこう解釈しているということです。

第二に、日本では違憲法令審査権をまったく使っていないではないか、違憲判決がこんなに少ないのはどういうことかという問いに対しては、日本の法律は主として閣法と俗称される内閣提出法案で、それについては内閣法制局という法律家の機構による事前審査があるのだという説明をしています。明治期に設けられた内閣法制局のモデルだったフランスなどは、現行憲法下でようやく実現した憲法院による違憲審査でも、ついこの間までは事前審査だけでした。現在はそうではなくて、日本のようにすでに成立している法律についての審査が盛んに行われていますが。

それから第三に、日本は連邦制でもないし、単一国家で集権的統治構造になっているという国外からの指摘に対しては、日本では地方公共団体は首長を含めて直接選挙になっており、中央政治に対する地方政治の権力分立機能があるのだと客観化して説明してきました。

このように全体として戦後の日本は、ごく最近まで、それなりに戦後デモクラシーを着実に運営してきた。特に、3・11という大きな国民的試練に当面して、一つの憲法コンセンサスが形成されつつあるのではないかと、当時私は考えそのように書きました。第一は自衛隊の存在です。自衛隊についてはいろいろ争われてきましたが、3・11後の事態のなかでは、国外に出掛けて武力行使をしないという自衛隊を是認することが、ほぼ国民的なコンセンサスとなったのではないかと思います。それは現政権により変更される前の内閣法制局解釈ということになります。第二に、天皇制度です。天皇制度に対しては「左」と「右」の両側で少なからずの人が疑問を出していました。しかし3・11を経て、天皇・皇后が憲法第一条の文言通り、国民統合の象徴としての役割を果たしているというコンセンサスもできたのではないか。

第三に、一番肝心の憲法一三条の個人の尊重ですが、3・11の前は、無縁社会という言葉すらメディアに頻出していましたが、大きな試練のなかで、みずからの意思に従って個人としてそれぞれができることをやり、そのなかで個人が発見されたと感じました。そういう意味で、一つの憲法コンセンサスが図らずも大災害を引き金にして立ち現れていたように私は思いました。

憲法研究者の視点からはそのように感じられるのですが、三谷さんは戦後の憲法と民主主義を、今日史の観点からどうご覧になりますか。

三谷　現在問題になっているいわゆる緊急事態条項について考えていることを述べたいと思います。今の政権が想定しているのは、結局、ドイツのワイマール憲法の第四八条の第二項ではないかと思います。私は去年、岡義武先生の『独逸《ドイツ》デモクラシーの悲劇』の復刊（文春学藝ライブラリー、二〇一五年）にも解説を書いたのですが（『戦後民主主義をどう生きるか』東京大学出版会、二〇一六年に再録）、本書で岡先生は、ワイマール憲法の四八条第二項の緊急令の規定について、それがヒトラーの台頭とワイマール共和国の悲劇に通じる道を準備したのは間違いないだろうという考えを示しています。この本は一九四九年に刊行されたもので、今日の日本で緊急事態条項が問題になるはるか前のことです。私が解説を書きながら思い浮かべたのは、マックス・ウェーバーの『職業としての政治』です。あの本はワイマール共和国が成立した一九一九年に行われた講演が原型です。ウェーバーはその翌年に亡くなっていますが、彼なりにワイマール共和国が設立される過程と初期のワイマール共和国の政治的な混乱を念頭に置いて発言していると思います。そこでウェーバーが強調したのは、ドイツの政治的前途は暗い、と。なぜ暗いかというと、ドイツはこれから指導者なき民主制の道をたどるのではないかと言っています。

指導者なき民主制という悲観的な見通しの上で、あるべき政治家像とはどういうものかと考えて、情熱、責任感、判断力という有名な三つの条件を挙げたのです。そこで結局ウェーバーが言っているのは、ドイツのデモクラシーでこれから重要なのは大統領だろうということです。

樋口　それまでは議院内閣制だと言っていたのに、変わるのですね。

三谷　そうなんです。ウェーバーは、新生ドイツにおける議院内閣制に対して絶望的な見通しを立てて、それで体制の求心力は緊急事態に対応する緊急令を発することができる大統領しかないのではないかという悲観的な考えを述べている。

樋口　帝政末期のドイツは、政府の対議会責任がはっきりしてはいませんでした。だから、ウェーバーは議院内閣制をちゃんと作ることが肝心だと言っていました。議院内閣制は、政党が権力を目指してお互いに競い合って、自分たちの力を蓄えていく。そのなかで指導者が選別されてくる、と。日本で言えば三角大中福（三木武夫・田中角栄・大平正芳・中曽根康弘・福田赳夫）の間の競い合いは明らかにそうだったと思います。それを日本の論壇やメディアは派閥政治と呼んで悪者扱いしましたが、先ほど言ったように、五五年体制に対する私の積極的評価は、派閥を政党と見るからです。それはともかく、ウェーバーは議院内閣制を諦め、大統領制を主張するようになる。ドイツはヒンデンブルク大統領の下でかろうじてバランスを取っていましたが、議会の多数派が形成されないものだから、結局大統領令に頼る。そこまで含めてウェーバーの予見通りになったということでしょうね。

三谷　ウェーバーの見通しはある意味で正しかったのです。要するに、民主制を託すべきリーダーをドイツは見いだすことができなかったという結論になるわけですね。

樋口　緊急事態についてついでに述べると、それを憲法で書くのか法律で対応するのかは質的に違うという議論が展開されるべきだと思います。現に災害対策基本法とか武力攻撃事態国民保護法は、法律として成文化されています。フランスは現行憲法の一六条で、ものすごい緊急権を持っています。これはアルジェリア戦争末期にド・ゴール大統領が一回だけ発動しましたが、その後は誰も手を付けようとしない。昨年（二〇一五年一一月）のパリ同時多発テロ（バタクラン劇場ほか）の後、フランスは非常事態宣言を出しましたが、それは法律に基づくもので、憲法一六条のことは誰も言い出さない。それが非常に危なっかしいものであることの認識は行き渡っています。

それは考えてみれば当然で、憲法というのは国民が政治を縛るためのものです。それに対して緊急権は、こういう場合には縛られた手を自分でほどいてもいいですよということを憲法に書くということです。法律で定められたものであれば、憲法を基準にしてそれを争うことができるという枠組みは維持されるわけですから、その違いは大きい。

ウェーバーならば、緊急事態の対処の仕方を憲法に書いておいてくれなどと考えるな、真の政治リーダーならば自分自身で決断し、批判も甘んじて受けるべきだと言うのではないでしょうか。

三谷 ウェーバーは、本来は議会を基盤とする政治的なリーダーシップで緊急事態に対応すべきであり、大統領が憲法に書かれた政治的武器を乱用すべきではないと考えた。それで政治的リーダーシップの機能を強調して「職業としての政治」について語ったのだと私は理解しています。

四 日本政治の不安定要因

樋口 動揺しながらも安定的に進んできた戦後民主主義が、ここ数年大きく揺れています。それはある意味でメディアも求めていたものです。官僚優位の体制ではなく、政治優位で「決める政治」が求められ、その枠組みのなかにすっぽり乗っているのが現在の安倍政権だと私は見ています。揺れながらも安定してきた戦後をトータルに否定するという立場です。しかも、私たちが例えば吉野から引き継いできた、戦前にさかのぼる日本の政治資産というものにも関心がない。関心がないから戦後民主主義はアメリカから押し付けられたものだと考える。現在の政権の政治運用に対して、それが明治憲法時代に戻るものでけしからん、という批判が多いですが、私はそれは当たっていないと思います。明治憲法時代からの政治遺産あるいは知の遺産をまったく無視しているというのが、二〇一二年の現政権成立以来、私たちの目の前に展開している状況だと思います。

この対談の冒頭で私が言及した三谷さんの書物のタイトルを借りて言えば、学問は現実にどう関われるのか、そして人は時代といかに向き合うのか、というのがまさに問われていると思います。関わり方や向き合い方はそれぞれ多様であるというのが、自由な社会の枠組みですし、一人ひとりの個人のレベルまで降りてきた場合でも、一七八九年の人権宣言の言葉で言えばシトワイヤン（市民）としての人間がそれぞれ選びながら生きていくことになるでしょう。私たち学問をしてきた人間には、それに付随した責任があると感じています。

三谷　そうですね。学者は平生はあまり役に立たないけれど、誰も何も言わない時に発言することに、その存在理由があると私は思っています。

今の安倍政権について私が一番気に掛かっているのは、今樋口さんが言われたように戦前・戦中の多くの国民の経験をあまり視野に入れていないことです。要するに、五五年にできた自民党（岸信介のつくった自民党）から出発していて、それ以前のことは視野に入っていないのではないか。

その自民党が党是とするのが憲法改正で、それが今日の日本の政治的不安定要因の最たるものではないかと私は考えています。最大の保守政党が憲法改正を党是に掲げるという例は、他にないのではないでしょうか。「コンスティチューション」を否定する保守政党というのは形容矛盾以外の何物でもありません。歴代の自民党のリーダーの中には、あの党是をむしろ消滅させようとした人もいたと思います。

樋口　それは何度か文書にも反映していましたね。例えば、自民党憲法調査会の憲法改正起草委員会が出した「草案大綱」（二〇〇四年一一月一七日）があります。それは「基本的考え方」として、「この憲法改正草案作成の基本的姿勢は、復古的なもの（戦前回帰）ではなくて、徹底的に未来志向の姿勢なのであり、今日までのわが国の歴史を直視した上で、その悪しきを反省し、よきものは後世に伝えていこうというもの（歴史を全否定も全肯定もしないで、素直に歴史に学ぶ姿勢）であることを、ここで改めて強調しておく必要がある」と述べていました。もっともこの「大綱」は党内での反撥にあって、翌月（一二月四日付）白紙撤回されましたが。

三谷　そうですね。冷戦後、世界的にアナーキーの時代に入っていますが、戦後七〇年間安定した秩序を保ってきた体制だったのに、好んでそれをアナーキーな状況のなかに導こうとしている。そういう感じがして、非常に問題だなと思います。

樋口　一番肝心なご指摘だと受け止めます。二〇一二年に現政権が発足した時、日本のメディアはそれを右傾化ないし保守化ととらえましたが、欧米のメディアはいち早く、これはラディカル・ナショナリズムの政権だと言いました。例えば英誌『エコノミスト』は、一九人の閣僚のうち日本会議のメンバーが何人、それから「みんなで靖国神社に参拝する国会議員の会」が何人という数字まで挙げて説明していました。だからこそ、現首相の最初のアメリカ訪問に対してオバマ政権が考えられないぐらい冷たい対応をしたことを理解できると思います。

このような状況のなかで、私は学問、あるいはもっと広く知に関わる仕事に携わる人間が、世間で言うところの改憲と護憲を含めて、自国の知の軌跡についての一定程度の共通認識をふまえた上で、中身のある議論を深めるのが重要だと思います。政治学者のシャンタル・ムフのインタヴュー記事を最近読んだのですが、そこで彼女は持論の「闘技＝アンタゴニスム」という議論のあり方をあらためて強調しています。それは戦闘的なだけではない、自己訓練を経た上での闘技でなければなりませんが、そのような専門知と、それに刺激を及ぼしながらも批判の眼を向ける「しろうと」の市民知との相互循環こそがデモクラシーを支えるでしょう。3・11から新安保法制論議のなかでそのような循環の端緒を見つけ出し、つむぎ続けていかなければ、と最近感じています。

三谷　私が戦後七〇年にあたって望みたいのは、戦後七〇年がもうワンサイクル続いてほしいということです。そうすると日本の国家は世界で類例のない立派な国家になるのではないか。そのためには、何としても戦争という事態を避けなくてはいけません。そういう非戦のリアリズムを日本国民はこれから働かせていく必要があるのではないかと思っています。私は今の憲法が布かれた時にまだ子どもでしたが、今の憲法が出現してよかったと思うのは、何と言っても第九条です。当時、私は国民学校の児童でしたが、戦中に岡山市で米軍の空爆を体験した自分にとっても、これだけはしみじみ良かったと思えました。（追記、本年二〇一八年に没した世界的名声をもつアニメ映画監督高畑勲氏も私と同じく、岡山市で国民学校の児童当時米軍の空爆にさらされた。同氏の代表作「火垂るの墓」は、その体験に基づいてつくられたものである。高畑勲『君が戦争を欲しないならば』岩波ブックレット、二〇一五年）

九条の改正に関する議論では、第一項と第二項を分けて、第一項はともかくとして、第二項の戦力の不保持とか交戦権の否定が現実に合わないから変えようという議論が多いと思います。しかし私はそれには反対です。なぜなら、第二項の条文は現実と合わないと言えるかもしれないけれども、憲法は理念的な要素がなければ成り立たないのです。理念と現実との緊張関係を失った憲法というのはあり得ないのではないかと思います。第二項があることによって日本は初めて、理念と相反する現実と対決して平和を保ち得ると私は思っています。

ここで、新渡戸稲造の『武士道』の話をしたいと思います。多くの人は『武士道』を武士道の既成概念に基づいて読んでいるらしいのですが、私が『武士道』で一番印象に残っているのは、勝海舟の話です。勝海舟は幕末のあれだけ不穏な、場合によってはテロにさらされるような状況を生きていたにもかかわらず、自分は人を斬るよりは斬られた方がいいと割り切っていた。それを新渡戸は評価しています。新渡戸は勝海舟について次のように言っています。

彼は……たびたび暗殺の目的とせられたが、決して自己の刀に血ぬることをしなかった。彼はその特癖ある平民的口調をもって追憶の若干を一人の友人に物語っているが、その中にこう言っている。「私は人を殺すのが大嫌いで、一人でも殺したものはないよ。……私が殺されなかったのは、無辜《むこ》を殺さなかった故かも知れんよ。刀でも、ひどく丈夫に結《ゆわ》えて、決して抜けないようにしてあった。人に斬られても、こちらは斬らぬという覚悟だった。……」（新渡戸稲造『武士道』矢内原忠雄訳、岩波文庫、二〇〇七年、一二五頁）

新渡戸はこの勝のエピソードにコメントを加えて、「真の勝利は暴敵に抵抗せざることに存するを意味したものである」(同上)と。この部分は勝と新渡戸の二重奏になっていて、私は『武士道』のなかでも特に好きなところです。

これこそ、九条の思想ではないでしょうか。どんな政策をめぐらせても十分な安全保障というのは期しがたいものです。安全を必ず保障できるというような安全保障政策はない。どんな政策を取っても安全を保障することができないとしたら、どういう政策を取ってもリスクを含むとしたら、「理念」と「政策」とのリスクがフィフティ・フィフティであるとしたら、結局九条が掲げた理念に従うというのが最終結論ではないかと私は思うんです。これは悪に対するトルストイの考え方と同じです。要するに聖書的リアリズムです。

勝海舟は日清戦争が起きた時、一貫して反対しました。そういうところにも新渡戸は共感する面があったのではないか。日本の過去のどの戦争にも、公然たる反対論がありましたが、太平洋戦争だけそういうものがなかった。民間で反戦論が上がれば、リーダーも戦争をやめるきっかけがつかめるんですよ。『昭和天皇独白録』(寺崎英成、マリコ・テラサキ・ミラー著、文春文庫、一九九五年)のなかで昭和天皇は南原繁らの終戦工作を念頭においていた旨を側近に語っています(ちなみに『昭和天皇独白録』を編纂した寺崎英成は外交官出身でしたが、学生時代に吉野作造に傾倒し、一度は吉野の指導の下で学者を志した人です。そのことは吉野の日記からうかがうことができます)。反戦論がたとえ少数でもないところでは戦争をとどめるのが難しいという気がします。だから戦時下でも言論の自由が必要なのです。特定秘密保護法は反戦のための言論の自由を制約します。

樋口　いいお話を聞かせていただきました。九条の問題はおっしゃるとおりです。旧憲法時代を含めて近代憲法史が歩んできた価値からあえて離脱するような自民党憲法草案のなかに、「国防軍」を位置付けようとしている。そのことの深刻さを私は重く受け止めています。

三谷　憲法九条は全体として、日本国民が血と汗であがなった、国益を超えた普遍的な意味をもつ条文なのだというのが私の実感です。

樋口　今、世界中で暴力の連鎖が起きており、誰にもそれが止められないでいます。加えて、これまで先進国の集まりと自他ともに見てきたはずのEU（欧州連合）の一部、ハンガリー、ポーランド、スロヴァキアから最近はオーストリアにまで、立憲主義の観点から見て混乱が起こっています。それからトルコとの関係においてもEU自身が大きく揺れている。そういうなかで、日本が一八八九年に憲法を発布し、正と負の歴史を繰り返してきた。そして七〇年前に改めて、戦後デモクラシーの有終の美の「終」を目指して歩いてきました。これをやり「終える」ということがあり得るのかどうかは別として、やり続けること自体が世界にとってのモデルとしての大きな意味を持つことになるのではなかろうかと思います。本日の対談は、新渡戸と勝の刀の話を心に刻んで終わりたいと思います。どうもありがとうございました。

（二〇一六年四月七日、岩波書店にて）

対談者紹介

御厨貴（みくりや・たかし）　一九五一年生まれ。一九七五年東京大学法学部卒業。東京大学・東京都立大学名誉教授。著書に『明治国家の完成』（中央公論新社、二〇〇一年）、『明治国家をつくる――地方経営と首都計画――』（藤原書店、二〇〇七年）などがある。

松尾尊兊（まつお・たかよし）　一九二九年生まれ。一九五三年京都大学文学部卒業。京都大学名誉教授（故人）。著書に『普通選挙制度成立史の研究』（岩波書店、一九八九年）、『大正デモクラシー』（岩波現代文庫、二〇〇一年）などがある。

神田眞人（かんだ・まさと）　一九六五年生まれ。一九八七年東京大学法学部卒業。オックスフォード大学経済学修士。財務省主計局次長、OECD企業統治委員会議長。著書に『金融規制とコーポレートガバナンスのフロンティア』（財経詳報社、二〇一八年）、『超有識者達の慧眼と処方箋』（学校経理研究会、二〇一八年）などがある。

脇村義太郎（わきむら・よしたろう）　一九〇〇年生まれ。一九二四年東京帝国大学経済学部卒業。東京大学名誉教授（故人）。著書に『脇村義太郎著作集』全五巻（日本経営史研究所、一九七五―八一年）、『回想九十年』（岩波書店、一九九一年）などがある。

樋口陽一（ひぐち・よういち）　一九三四年仙台市生まれ。一九五七年東北大学法学部卒業。日本学士院会員、東京大学・東北大学名誉教授。著書に『近代立憲主義と現代国家』（勁草書房、一九七三年）、『近代国民国家の憲法構造』（東京大学出版会、一九九四年）などがある。

岡義武（おか・よしたけ）　一九〇二年生まれ。一九二六年東京帝国大学法学部卒業。東京大学名誉教授（故人）。著書に『岡義武著作集』全八巻（岩波書店、一九九二―九三年）、『岡義武ロンドン日記』（岩波書店、一九九七年）などがある。

初出一覧

Ⅰ

1 『毎日新聞』二〇一六年一〇月一三日夕刊所収（原題「明治一五〇年　近代から現在を読む1――対談・どんな時代だったのか」）

2 『世界』二〇〇一年八月号・九月号・一〇月号・一一月号所収

Ⅱ

1 『中央公論』一九九五年一一月号・一二月号所収（原題「回想の戦中・戦後（上）――戦争と学者」「回想の戦中・戦後（下）――戦後と学者」）

2 『ファイナンス』二〇一六年一一月号所収（原題「超有識者場外ヒアリングシリーズ【56】歴史編」）

Ⅲ

1 『日本の名著』第四八巻・付録34（中央公論社、一九七二年六月）所収（原題「啓蒙思想家の学問的生涯」）

2 山口二郎・杉田敦・長谷部恭男編『立憲デモクラシー講座　憲法と民主主義を学びなおす』（岩波書店、二〇一六年）所収

著者略歴

1936年　岡山市に生まれる．

1960年　東京大学法学部卒業．

現　在　日本学士院会員，東京大学名誉教授．

主要著書

『増補 日本政党政治の形成』（東京大学出版会，1995年）

『ウォール・ストリートと極東』（東京大学出版会，2009年）

『近代日本の戦争と政治』（岩波人文書セレクション，2010年）

『学問は現実にいかに関わるか』（東京大学出版会，2013年）

『大正デモクラシー論』第3版（東京大学出版会，2013年）

『増補 政治制度としての陪審制』（東京大学出版会，2013年）

『人は時代といかに向き合うか』（東京大学出版会，2014年）

『戦後民主主義をどう生きるか』（東京大学出版会，2016年）

『日本の近代とは何であったか』（岩波新書，2017年）

近代と現代の間　三谷太一郎対談集

2018年7月20日　初　版

［検印廃止］

著　者　三谷《みたに》 太一郎《たいちろう》

発行所　一般財団法人　東京大学出版会

代表者　吉見 俊哉

153-0041 東京都目黒区駒場4-5-29

http://www.utp.or.jp/

電話　03-6407-1069　Fax　03-6407-1991

振替　00160-6-59964

印刷所　株式会社理想社

製本所　牧製本印刷株式会社

ISBN 978-4-13-003349-7　Printed in Japan

三谷太一郎著　戦後民主主義をどう生きるか　四六・二八〇〇円

三谷太一郎著　人は時代といかに向き合うか　四六・二九〇〇円

三谷太一郎著　学問は現実にいかに関わるか　四六・二八〇〇円

三谷太一郎著　大正デモクラシー論　第三版　A5・五八〇〇円

三谷太一郎著　増補　政治制度としての陪審制　A5・五六〇〇円

三谷太一郎著　ウォール・ストリートと極東　A5・五六〇〇円

三谷太一郎著　増補　日本政党政治の形成　A5・五八〇〇円

ここに表示された価格は本体価格です．ご購入の
際には消費税が加算されますのでご了承下さい．